用数字化思维打造销冠团队

王钊琦——著

人民邮电出版社
北 京

图书在版编目（CIP）数据

用数字化思维打造销冠团队 / 王钊琦著. -- 北京：人民邮电出版社，2024. -- ISBN 978-7-115-64883-9

Ⅰ．F713.3-39

中国国家版本馆 CIP 数据核字第 2024C8J884 号

内 容 提 要

如何成为销售冠军？如何打造一支销冠团队？这是所有从事一线销售工作及销售管理工作的人都关心的问题。本书作者基于自身在数字化行业的多年实践经验，总结提炼出了一套用数字化思维打造销冠团队的思路、方法、工具和技巧。

本书分为 4 个部分，第 1 部分深入分析销冠的六大底层能力，第 2 部分阐述销冠应该具备的数字化思维，第 3 部分介绍一线销售人员快速提升业绩的方法，第 4 部分讲解销售管理体系的打造。另外，书中提供了大量的实战案例和丰富的图表，可以帮助读者快速掌握相关要点。

本书适合各类企业的一线销售人员及销售管理人员阅读，也可作为销售人员培训或内训的参考读物。

◆ 著　王钊琦

责任编辑　陈　宏

责任印制　彭志环

◆ 人民邮电出版社出版发行　　北京市丰台区成寿寺路 11 号

邮编 100164　电子邮件 315@ptpress.com.cn

网址 https://www.ptpress.com.cn

廊坊市印艺阁数字科技有限公司印刷

◆ 开本：880×1230　1/32

印张：6.75　　　　　　　　2024 年 8 月第 1 版

字数：150 千字　　　　　　2025 年 7 月河北第 5 次印刷

定　价：59.80 元

读者服务热线：（010）81055656　印装质量热线：（010）81055316

反盗版热线：（010）81055315

2017 年 8 月，我第一次以首席运营官（Chief Operating Officer，COO）的身份坐在会议室里，听销售主管汇报工作，正式接手销售团队的管理工作。在迈进这个会议室之前，我是公司的首席技术官（Chief Technology Officer，CTO）和联合创始人。

从 2013 年创业开始，我在几年间成功带出了一支水平远超同行的开发团队，打造了一款每个月都能问鼎钉钉平台销量和销售额双冠军的产品，广受客户好评。因此，我算是一位幸运的创业者，人生第一次创业就赶上了数字经济的大风口，一脚踏进了企业数字化的大赛道，深耕 11 年多，埋头一路干到了客户关系管理（Customer Relationship Management，CRM）系统这个细分领域的头部。

从 CTO 到 COO 的转变，只需要一瞬间，随之而来的感觉是水土不服。我是程序员出身，从来没干过销售工作，创业多年来在公司身兼数职，但从未接触过销售管理。值得庆幸的是，程序员的思维模式几乎深入我的骨髓。我一直在琢磨一个问题：怎么把 CTO 的工作模式和管理方法渗透到销售团队中？

做程序员的时候，我们经常自嘲，说自己是"CV 工程师"，只会"Ctrl+C"（复制）和"Ctrl+V"（粘贴）。但是，可别小看"复制粘贴"这四个字，根据正态分布的原则，把一件事情做得极好和把一件事情做得极差其实都是小概率事件，把一件事情做到中等偏上却是大概率事件。也别小看把一件事情做到中等偏上，只要你能比同行做得好一点点，日积月累，回报一定会呈指数级增长。

因此，在追求极致之前，我要解决的首要问题是：如何通过"复制粘贴"打造出一个又一个的销售冠军（简称"销冠"），让整个销售团队都达到销冠的水平。事实也如我所愿，到了 2018 年年中，我们公司销售团队的人效已经达到同行的两倍。毫不夸张地说，这支团队中的任何一位销售人员，去了任何一家友商，其实力完全可以"碾压"同事。而且，由我培养的一线销售人员，很多人都逐步走上了管理岗位。

其中的奥秘，正是本书的主题——用数字化思维打造销冠团队。

回顾创业历程，对事业的渴望让我走上了创业之路，对成功的执着让我顶住了各种痛苦的煎熬。随着公司从动荡不安走向稳定发展，员工数量从十几人增加到了几百人，企业客户数量从零增加到了几万家。一想到奉献了 11 年青春开发出来的 CRM 系统，其实已经改变了数以百万计的职场人的工作模式，我内心不由自主地涌起一股使命感。在举国都在探索数字经济的时代，或许我的思考也可以点亮很多同路人的前途。

当我开始在小红书上分享我的思考时，粉丝的认同给了我巨大的正向反馈。"一天一个销售琦招"很快积累了数以万计的粉丝，绝大部分粉丝都是与销售岗位相关的从业人员。我曾选取 1000 位粉丝与其私聊，其中 60% 以上的人从事销售管理工作。当我第一次以"数字化复制销冠团队"为主题在钉钉上开直播时，共有25万多人在线观看，人均观看时长超过8分钟，8000多人看完了整场直播。线下的面对面交流变得频繁，越来越多的创业者带着自己的管理团队过来一起交流。

用数字化推动销售增长的理念，获得了越来越多的认可。大家渴望学习数字化销售管理的最佳实践，这正是我创作这本书的动力所在。本书的结构并不复杂，但内容涵盖了一线销售工作和销售管理工作的方方面面，从数字化思维到落地方法论，从销售数据模型到核心指标提升，从管理实战心得到销冠团队的复制。

本书分为4个部分，第1部分讲的是销冠的六大底层能力。

哪些能力可以支撑一位销售新人成长为销冠？通过持续地观察和分析销冠，我总结出了销冠应该具备的六大底层能力。

（1）理解产品的能力。只有像产品经理一样理解产品，才能更好地传递产品价值。

（2）理解人的能力。客户是人，销售人员也是人，人与人之间所有的沟通都要以平等为前提，真诚是第一原则。

（3）理解场的能力。这里所说的场是指销售人员和客户之间的相互作用，是二者之间的吸引力和排斥力。

（4）会听的能力。真正的会听，是指听得出客户的关注点，听得出客户的潜在需求，听得出沟通的完整脉络。

（5）会说的能力。会说有三个切忌，切忌频繁使用专业术语，切忌长篇大论，切忌丢掉自己的节奏。

（6）会要结果的能力。会要结果，就要理解"成交脸"，理解成交链路，理解销售全流程的核心指标，有一个完整的数字化模型。

第 2 部分讲的是销冠应该具备的数字化思维。

成交一次并不难，难的是从一次次偶然的成交中提炼出必然成交的方法和路径。销售数字化是被验证过的、真实可行的一条复制销冠之路。销售人员到底要掌握多少数字化的理论知识，才算是入门了？我认为，一线销售人员不需要掌握多么高深的理论体系，只要结合自身的实际工作经验，深入理解九大数据指标及相关的数字化思维，就肯定能用好数字化工具。

第 3 部分讲的是一线销售人员提升业绩的方法。

从 2017 年年底到 2019 年年初，在 1 年多的时间里，我只聚焦于一件事情——帮助一线销售人员提升业绩。在这短短的 1 年多时间里，我们的销售团队已经在业内小有名气。我得到了一个非常正向的结论：只要方法得当，即便是没有经验的"小白"，也能成长为销冠！

一线销售人员业绩的提升，往往不是一下子全面提升，而是一个小点一个小点提升，一次培训解决一个问题，优化一个指标，提升一小截业绩。销售团队业绩的提升，往往也不是一次性集体提升，而是一开始少数几个人掌握了方法，实践后看到了效果，最后带动其他同事一起提升。业绩提升是一个涉及多个环节、多种因素的复杂问题，我认为把问题层层拆解、提出可执行的解题思路对一线销售人员更有帮助。

第 4 部分讲的是销售管理体系的打造。

绝大部分的销售管理者都是从一线成长起来的，甚至很多人都是被"火线提拔"，一边打仗一边学习做管理。这时，各种管理问题会扑面而来，让人应接不暇。业绩目标怎么定？一线销售人员怎么激励？团队整体业绩不见起色，应该往哪个方向突围？销售管理者的数字化赋能同样是一个复杂问题，我把它拆解为一个个具体的管理场景和业务场景中的实战问题。只要运用数字化思维，把问题背后的原因分析清楚，运用合适的工具和方法解决这些问题，就能有效地提高销售管理者的管理能力。

　　我衷心希望这本书能给一线销售人员和销售管理者带来帮助和启发，欢迎大家通过各种方式与我交流切磋。

第 1 部分
销冠的六大底层能力

哪些能力可以支撑没有经验的"小白"成长为销冠？我从销冠们的身上总结出了销冠应该具备的六大底层能力。

第 2 部分
销冠应该具备的数字化思维

跟一个客户成交并不难，难的是从偶然的成交中提炼出必然的成功路径。销售数字化是被验证过的、真实可行的一条复制销冠之路。

第 3 部分
一线销售人员快速提升业绩的方法

一线销售人员业绩提升的背后，往往不是能力的全面提升，而是一项一项小技能的提升。只要方法到位，没有经验的"小白"也能成长为销冠！

第 4 部分
销售管理体系的打造

　　一线销售主管的数字化赋能是基于一个个具体管理场景的。我们利用数字化思维解构这些场景，就能有效地提高一线销售主管的管理能力。

销冠的六大底层能力

哪些能力可以支撑没有经验的"小白"成长为销冠？我从销冠们的身上总结出了销冠应该具备的六大底层能力。

01 销冠六大底层能力之理解产品

在一家公司里面，应该由谁负责给销售团队做产品知识方面的培训？

我不知道你所在的团队是什么情况，但据我所知，在很多公司里面，这项工作都是由产品经理负责的。其优点不言而喻，产品经理掌握第一手资料，很了解产品的设计理念和研发思路，可以深入浅出地把需求、功能、使用场景等讲得清清楚楚、明明白白。由此带来的好处是，销售团队对产品功能的掌握会非常到位。

不过，任何事物都有两面性。

在一次复盘会上，有一位盘活量排名垫底的同事向我表达了自己的委屈和迷茫。她几乎天天给客户打电话打到最后一个下班，工作时间比谁都长，但盘活量就是上不来。她以最勤奋的姿态，拿到了最差的结果，付出和产出完全不成正比。我仔细分析了她的通话记录以后，发现她对产品知识的掌握非常扎实，每次给客户演示产品时都非常细致。最夸张的一次，她在电话里给客户讲了 3 个多小时的产品功能。

这个客户一定是一个耐心的好客户，但是我的同事一定不是一位善于介绍产品的优秀的销售人员。电话销售追求的是效率。一位电话销售人员，一天的电话在线总时长一般不超过 3 小时。换句话说，我的这位同事一天只服务了一个潜在客户。

销售人员不应该在接触客户的初期就陷入冗长的产品细节介

绍，否则就相当于把自己当成了操作说明书。

掌握产品知识是销售人员的首要技能，这一点毋庸置疑。就算跟非销售岗位的人说这个观点，也会得到百分之百的认同。越精通产品，越能做好销售工作，这是所有销售人员的共识。

优秀的销售人员都明白一个浅显的道理：越专业的产品，越需要顾问式销售，越能体现销售人员的专业价值。但是，在实际跟踪销售团队的过程中，我发现哪怕销售人员对产品功能已经了如指掌，也很难真正高明地向客户介绍产品。如果你不亲自实践，很难想象产品介绍这个环节也会有这么多的误区。

下面介绍两个最常见的误区。

第一个误区是，销售人员认为多说专业名词可以体现自身专业性。

销售人员把专业名词挂在嘴边在某种程度上可以"唬住"客户，但并不能实质性地推进合作，反而增加了沟通成本。尤其是在电话销售的场景中，在无法面对面沟通的情况下，销售人员口中时不时蹦出来一堆陌生专业名词，客户会感到十分困惑。客户可能会认为这位销售人员拥有专业背景，但这一定不是客户付钱的理由。客户会为价值付钱，但专业名词并不能产生真正的价值。

假设我们正在销售一款数据分析软件，我们使用一些专业名词来解释这款软件的功能和特点，如"我们的软件采用了最先进的数据分析算法和机器学习技术，能够快速处理大量数据，并发量和吞吐量都是竞品的两倍以上"。在这段介绍里，"数据分析算法""机器学习技术""并发量""吞吐量"等词汇很可能会让没有专业背景的客户感到困惑，而且不能让客户认识到产品的价值。

正确的做法应该是，销售人员先了解客户的业务场景，然后结合客户的需求介绍产品，如"您作为零售公司的销售负责人，需要对销售数据进行深入分析，确定哪些产品最受欢迎、哪些销售策略最有效，明确如何优化库存和供应链。在这个场景中，您需要一款可靠的数据分析工具来处理大量数据并生成有价值的见解。我们的数据分析软件正是为此而设计的"。

第二个误区是，销售人员认为实施即销售。

很多对产品功能非常了解的销售人员会抢着把客户付钱后才能得到的实施服务在客户还没付钱的时候就做完，这会耗费大量的时间和精力，但只要最终无法成交，就是竹篮打水一场空。究其原因，这些销售人员无法准确地向客户传递产品价值，只能以客户看得到的方式，向客户展示产品能够满足的需求，以期达成交易。

非常多的销售新人在不知不觉中踏入了这些误区。为了解决这个问题，我们需要非常认真地审视销售人员必须具备的一项能力——理解产品的能力。

我们先看两个介绍产品的经典框架，一个是 FABE 法则，另一个是 SPIN 法则。

FABE 法则是由郭昆漠提出的，四个字母的含义分别如下。

- Feature（特性）：产品或服务的基础属性或特征。
- Advantage（优势）：基于特性的潜在优点。
- Benefit（利益）：特性对客户具体的意义，即基于客户的实际需求，描述产品或服务能给客户带来什么好处。
- Evidence（证据）：证明这些优势和利益的证据，包括客户评价、研究报告、案例研究等。

销售人员运用 FABE 法则，既可以展示产品或服务的价值，又可以让客户清楚地知道产品或服务的优点，还可以解释这些优点如何满足他们的需求，此外还能通过提供证据来增强说服力。

SPIN 法则是由尼尔·雷克汉姆（Neil Rackham）提出的，四个字母的含义分别如下。

- 情境问题（Situation）：关于客户当前状况的基本问题，可以帮助销售人员了解客户的背景和环境，如"你目前使用的是哪个供应商的产品"或"你们的团队规模有多大"。

- 麻烦问题（Problem）：客户可能遇到的问题，产品需要改进的地方，或者他们对产品不满意的地方，如"你在使用现有产品时遇到了哪些挑战"或"你希望改进哪些方面"。

- 影响问题（Implication）：客户问题的深层影响或潜在后果，如"这个问题对你的业务运营有何影响"或"如果这个问题持续存在，会对你的业务产生什么影响"。

- 需求 - 满足问题（Need-payoff）：客户问题的解决方案带来的积极影响，或者他们期望的结果，如"如果我们能帮助你解决这个问题，这会对你的业务产生什么积极影响"或"解决这个问题能给你带来什么具体的好处"。

销售人员运用 SPIN 法则可以更深入地了解客户面临的挑战和真正的需求，并为其提供更精准的解决方案。

以上两个法则是我早期给销售团队做培训的时候大力推荐的方

法论。

但是，为什么销售人员还是会反反复复陷入产品介绍的误区？带着这个疑问，我以抽样的方式听了大量的通话录音。或许我们可以从下面这段典型的对话中发现端倪。

销售人员："×××，您好，我这边是 ××× 公司，您最近注册用户并试用了我们的软件。"

客户："是的，你们有没有客户管理功能？"

销售人员："有！我们不仅有客户管理功能，还有跟进记录、合同管理、资金管理、工单管理和进销存等模块。"

客户："你们有没有权限管理？就是销售人员只能看到自己的客户，主管可以看到下属的所有客户？"

销售人员："当然有！我们的权限管理系统是这样的……"

当客户问到具体功能时，销售人员的激动之情溢于言表。碰到这种需求明确的客户，销售人员很可能会认为这次十拿九稳，成交就在眼前，恨不得马上把客户需要的所有的功能都一股脑儿地展示给客户。但是，经验丰富的销售人员一定知道，问完价格就消失的客户比比皆是，了解完产品功能就不理销售人员的客户每天都有。

为了完善产品介绍方法，我引入了一个新的法则——VSF 法则，三个字母的含义分别是价值（Value）、场景（Scene）和功能（Function）。

<u>介绍产品时，首先用价值开场。</u>

介绍产品时先讲功能和场景，就像先开枪后瞄准一样。假如客户不需要这些功能或不存在这些场景，销售人员就会白白错失良

机。下面看一个 CRM 软件销售的例子。

销售人员："我们的软件有客户管理功能，可以帮您避免跟丢客户！"

客户："我们只有 10 个大客户，不可能跟丢。"

这就是典型的"没瞄准客户需求就直接讲功能和场景"的开场，销售人员立即就会陷入尴尬的境地。

销售人员应该调整介绍顺序，用业绩提升这个话题开场。

销售人员："我们的软件专注于客户管理，可以帮您提升业绩！"

客户："你们的软件是怎么做到的？你不会在吹牛吧？"

这个就是典型的价值优先的开场，销售人员要找到产品最核心的价值，一举击中客户的核心痛点。没有企业不想提升业绩，销售人员通过这样的价值共鸣，很容易就能敲开客户的心门。

其次，用场景解释价值。

客户问："你们的软件是怎么做到的？你不会在吹牛吧？"

面对这个问题，销售人员可以描述一个简单的业务场景："假如贵公司有多位销售人员，肯定有一两位特别厉害，如果其他人能变得像他们一样厉害，是不是业绩就能大幅度提升？"

最后，用功能再现场景，点到为止。

销售人员在描述完场景后可以强调几个功能点："我们的软件提供排名榜功能，它可以对销售数据进行排名，转化率谁高谁低一清二楚，有对比就有标杆，有标杆就能对齐标杆！"

介绍产品的三种框架
FABE、SPIN、VSF

● FABE法则

特征 FEATURE　我们提供的产品或服务有哪些用途？

利益 ADVANTAGE　相比于竞品，我们的产品或服务优势在哪里？

优点 BENEFIT　我们的产品或服务可以给你带来什么？

证据 EVIDENCE　什么案例、证据可以证明这些优势？

● SPIN法则

现状 SITUATION　你使用当前产品或服务时的感觉如何？

难题 PROBLEM　使用过程中有哪些问题和烦恼？

影响 IMPLICATION　这些问题对你有哪些影响？影响有多大？

满足 NEED-PAYOFF　我们的产品或服务将如何帮你解决……

● VSF法则

价值 VALUE　用价值开场，引起客户的共鸣。

场景 SCENE　描述业务场景，用场景解释价值。

功能 FUNCTION　用功能再现场景，讲具体如何达成。

这时，客户大概率会认同销售人员刚才对场景和功能点的描述。哪怕销售人员一开始找的场景不准，但因为有价值认同作为基础，销售人员肯定能跟客户一起找出一个新的、提升业绩的场景。

销售人员对产品的理解，不需要像产品经理一样高度抽象，也不需要像售后服务一样深入所有细节，更重要的是提炼产品价值，围绕这些价值构建一系列应用场景和功能实现路径。

无论是我自己归纳的 VSF 法则，还是经典的 FABE 法则、SPIN 法则，都只是可供参考的方法论，你可以根据自己销售的产品或服务的特性，融会贯通，总结出一套最适合自己的产品介绍方法。

02 销冠六大底层能力之理解人

某年的一个月末，我照常陪着销售团队冲刺业绩。那一天，我一边思考一边在走廊里踱步，突然听到楼道里传来一阵带着哭腔的女声，靠近细听，原来是我们的一位同事正在努力地请求客户给予她支持，希望对方能在月末这个关键时刻帮她冲一下业绩。当天 23 点 50 分，离当月业绩核算截止时间还有 10 分钟的时候，客户真的打款了。这位同事趴在桌子上情绪激动地啜泣，周围的同事有的俯身安慰她，有的高兴地恭喜她。

当时，我内心的触动非常之大，既感慨销售工作之艰辛，又感动同事之拼搏。只有真正从事过一线销售工作的人，才能真正理解和感受到这种执着和情感。只有真正读懂过人的销售人员，才能理解这种靠真诚和勇敢打动客户而拿下的订单有多么来之不易。

销售人员必须掌握解读人的能力。不过，不习惯揣摩和解读他人或许是我们这代人天生的短板。大部分"80 后""90 后"都是独生子，自出生那天起就是全家的焦点，是家里的公主和王子。试问，高傲的公主或高贵的王子，怎么会有动力去揣摩其他人的心思呢？一个以自我为中心的人，怎么会去试图理解他人的立场呢？我父辈那代人，每个人都有很多兄弟姐妹，从小就生活在一个团体里，很早就学会了揣摩兄弟姐妹的心思和立场。或许这就是不同时代带给我们的不同的时代烙印。

1986 年出生的我现在已经是公司里年龄最大的员工之一了，一眼望去，公司里几乎都是"90 后""95 后"甚至"00 后"的同事。他们每个人都是家里的宝宝，所以哪有什么心思去揣摩其他人是怎么想的。对他人的洞察和理解，对我们这代人来说，可能没有那么重要。

我非常感谢父亲对我的教导。在中学阶段，他多次语重心长地教导我："你们这一代的独生子女，普遍都有一个短板，就是过于以自我为中心。但是在社会上，还是以集体为主，所以你要多想想别人，多站在别人的角度换位思考。如果能做到这一点，你将会远超你的同龄人。"或许这就是父亲这个角色不可替代的原因，当孩子还对父亲崇拜不已、深信不疑的时候，哪怕是最朴实无华的教导，也能向孩子传达成长最需要的真理。

正是因为记住了父亲的这番教导，我才充分理解了销售这份专门和人打交道的工作。不习惯、不善于揣摩和解读他人的销售人员，大概率不会有太好的业绩。在销售过程中遇到的很多困难其实都与能否解读人息息相关。

在解析理解人这项能力之前，我们先破解一个常见的误区——销售人员会下意识地"不把客户当人"！

我认为，这一点必须非常明确地指出来，尤其是在 ToB^① 销售的过程中。很多新人刚上岗的时候会犯一个直觉性的错误，他们认为"××有限公司"这样一个客户只不过是一家公司、一个非自然人、一个冷冰冰的符号，他们会不自觉地忽略客户在人这个层面的基本诉求。

很多销售人员都有一个困惑：明明这个产品对企业客户的价值很大，为什么对接人就是不愿意听我讲下去？

这是一个典型的错误——将企业客户的对接人等同于企业。一款产品对那家企业有价值，但不见得对那个对接人有帮助。销售人员在销售过程中会遇到各种各样的困难，如前台人员不给转接电话、中间人迟迟不协助推进、决策人永远都说"我再看看"等。仅从销售技巧的层面来看，市面上有无数的教程和实战案例告诉销售人员怎么绕过前台人员，怎么让中间人愿意协助推进等。但是，更底层的逻辑是，我们必须"先人后事"，先了解对接人的基本诉求，才能进一步推动业务合作。

销售人员在和客户交流的时候要遵循一条基本原则——让交流回归真诚。

---

① 全称为 To Business，指面向企业。

　　在这里举一个例子。你跟一家企业客户跟了很久，对接人能拖就拖，并没有在认真地推进这件事情。这时，如果你一再矮化自己，一再求他帮你推进，就违背了"让交流回归真诚"的原则。实际上，无论你如何求他，他都不会因为你的请求而帮你认真推进此事。相反，你不断地请求只会让你们的关系变得更加紧张，双方的地位更加不平等。这时，唯一的解法就是让交流回归真诚。你不妨真诚地告诉他，你理解他们公司的难处和考虑，但是你也希望他们公司能够理解你的需求并重视这个项目。

　　几年时间过去了，我依然清晰地记得那位一边嗑瓜子一边打电话的同事的风采。他总是非常自然地和客户打招呼，积极地询问客户的需求，真实地讲出自己的感受。稚嫩的新人和千锤百炼的老手之间差的那份从容不迫，往往就是从做真实的自己开始一点一滴积累的。

　　理解人这项能力的具体含义是什么呢？

　　第一，摆正心态，明白客户是人，销售人员也是人。

　　这一点可以分成两个方面来讲。一方面，客户是有血有肉的人。

　　让我们站在客户的角度想一下，当你接到一个电话，电话那头的人像复读机一样跟你讲话，你肯定不到 3 秒就会挂断电话。这位销售人员的能力不行吗？肯定不是。他自己想当复读机吗？也不是。有很大的可能是这位销售人员在日复一日、重复机械的电话销售的过程中，渐渐忘了自己是在跟一个有血有肉的人对话。

　　我曾经花了很长时间跟我的一位同事练习说一个字，也就是电话接通后说的第一个字"喂"。一个僵硬而犹豫的"喂"会让 90%

的客户在第一秒就挂断电话，不再给你第二次机会；而一个热情且令人舒服的"喂"大概率可以帮你多争取 3 到 5 秒的沟通时间。

另一方面，销售人员是和客户平起平坐的人。

有的销售人员太在乎客户，太渴望成交，而成交必然需要客户点头，在经历一次又一次的拒绝之后，他们开始不由自主地矮化自己，他们被销售这个岗位框住了。当他们拿起电话或跟客户面对面时，他们不由自主地心跳加速，忍不住把自己放在一个很低的位置上仰望客户，忘记了自信地跟客户沟通，自然地跟客户建立信任关系，从容地帮助客户解决困难。但是，一味奉承和唯唯诺诺是没有用的。

第二，正视情绪，分清楚什么是客户的情绪、什么是自己的情绪，知道情绪是怎么来的，情绪应该如何化解。

当客户说出"不要烦我"这四个字时，客户显然是带着情绪的。此时，销售人员要有能力意识到客户带着情绪，而这种情绪来源于客户自身。销售人员最好的应对方法是对客户说："收到，等您方便的时候咱们再联系。"更重要的是，销售人员不能因为这个客户有情绪就责怪自己，进而消沉一整天，而要快速调整心情，继续工作。事实上，销售人员的工作压力大都来自情绪，所以一定要善于认知和处理情绪。

只有分清楚什么是客户的情绪、什么是自己的情绪，知道情绪是怎么来的，情绪应该如何化解，才能分清楚什么是自己的问题、什么是别人的问题，知道自己能解决什么、不能解决什么。

努力解决自己能解决的，不能解决的，就放过自己。你对情绪的认知能力越强，对负面情绪的消解能力就越强。试想，如果你连自己的情绪都管理不好，都没办法敏锐地察觉和处理，你又如何准确地捕捉客户的情绪呢？人永远没办法给出自己没有的东西，如果你做销售的每一天都不开心，那么你遇到的客户也一定很难打交道。情商，从来不是指一个人待人接物有多么八面玲珑，而是指一个人能不能管理好自己的情绪。能够管理好自己情绪的人，情商就比一般人高。

这里分享一个将内耗化为动力的例子。很多销售人员会为自己没客户而焦虑。当你意识到自己在焦虑时，一定要回应这种情绪，千万不要逃避，不要假装一切都很好。你要停下来，跟自己对话。

我知道我正在焦虑，焦虑的原因是我不知道怎样去获得更多的客户。我既没有资源，也没有方法。

我现在可以做哪些事情呢？

（1）计算一下，要想达成业绩目标，我需要获得多少客户。

（2）思考客户是从哪些渠道来的，我可以通过哪些方式找到这些人。

（3）根据成交记录判断拥有什么样的用户画像的客户更有可能成交，单客价值是多少。

具体应该怎么做？我可不可以问问销冠，或者向主管寻求帮助？有什么事情是我现在就可以立刻去做的？对于哪些事情，我可能要降低一些期待值？

等你把所有的事情捋顺并真正动手做了一些事情之后，就会突然发现自己释放了很多压力，整个人也松弛了很多。

03 销冠六大底层能力之理解场

　　你曾经遇到过下面这样的场景吗？企业的采购人员上来就询价，拿到价格后，态度立刻变得冷冰冰。

　　之前我给一线销售人员做培训的时候，现场听到了一个真实的故事。企业客户的采购人员主动打来电话询价。小王接到来电后，整个人都变得开心了起来，主动热情地提供服务。互相了解基本情况后，采购人员希望小王提供一个大概的价格区间，他要跟领导汇报。都谈到这个份上了，小王顺手给了一个公开报价。之后，采购人员的态度突然转变，开始公事公办起来："我就是帮领导了解一下价格，后面有需要再联系。"后来，不管小王怎么主动联系这位采购人员，他都爱答不理。小王的心受伤了，感到了前所未有的沮丧和挫败。

　　销售工作是一个十分复杂的游戏。以 ToB 销售为例，从表面上看，采购决策是企业的统一决策，但实际上是多角色复杂博弈后的结果。在销售过程中，销售人员既要考虑不同角色的位置、责任及汇报关系，又要考虑不同角色的性格、利益和诉求。分析复杂销售场景的能力非常有助于销售人员打破人与人之间的壁垒，加速成交。

　　看上去场景相对简单的 ToC[①] 销售，其实也很复杂。从表面上看，销售人员是在面向个人做销售工作，但实际上很可能是在面向

───────────

① 全称为 To Consumer，指面向消费者。

ToB销售和ToC销售成交背后的博弈

● **ToB销售成交背后的博弈**

对ToB销售来说，采购决策从表面上看似是一家企业的统一决策，但实际上是多角色复杂博弈后的结果。销售人员既要考虑不同角色的位置、责任及汇报关系，还要考虑不同角色的性格、利益和诉求。

● **ToC销售成交背后的博弈**

看上去场景相对简单的ToC销售，其实也很复杂。从表面上看，销售人员是在面向个人做销售工作，但实际上很可能是在面向一个家庭做销售工作。

一个家庭做销售工作，因为个人背后往往是一个家庭。销售人员只有深入了解他们的需求、痛点、预算、购买决策流程等，才能做好销售工作。

其实，我们分析一下这位采购人员的诉求就能明白，当前客户大概率处于了解市场行情的阶段，其核心诉求是收集信息，其中报价当然是非常重要的信息。采购人员只想了解一下报价，远远没到做采购决策的时候，既然报价已经拿到手，就不想再被销售人员推着往下走了。

那么，小王应该怎么补救呢？聪明的销售人员应该巧用人和场，打破壁垒，争取快速把采购人员变成"自己人"。

第一步，点出领导的深层次需求。小王可以说："你们领导应该不仅想知道价格，肯定还想知道各家的优势和特点。"

第二步，强调如何帮采购人员把工作做出彩。小王可以说："拿到报价只是工作的开始。给公司一个漂亮的方案，才算是把工作做出彩了。"

第三步，提供自己的方案。小王可以说："我们公司的情况就不用说了，同行的情况我也非常熟悉。我可以协助你把方案做得更漂亮，一起向你们领导汇报。"

针对这个案例的现场指导的效果非常棒。CRM系统有一定的专业性，而这位采购人员是第一次采购这类系统，确实有获取专业知识的需求。小王通过凸显自己作为专业顾问的价值，很快与采购人员达成了一致行动的口头协议。小王协助采购人员制作了汇报资料，并且在向对方领导汇报的现场敲定了合作协议。

上面分享了一个结局很不错的故事，但在真实的销售世界里，大部分的冷冰冰都会一冷到底，被拒绝是一种常态。我想，很多人一想到做销售工作会被别人不断地拒绝，就不再考虑做销售工作了。销售工作从整体上来说是一种追求可能性的工作。假设有 100个客户，成交了 10 个，成交率就是 10%。但从另外一个角度看，拒绝率就是 90%。我们还知道，哪怕是那 10% 的成交客户，也一定不是从一开始就投了赞成票，肯定是经历过一番博弈才最终成交的。

我们从小就受传统文化的熏陶，"不为五斗米折腰"的故事就写在课本里，所以大家都有强烈的自尊心，很难接受被他人冷冰冰地拒绝。但是，销售人员必须理解被拒绝对销售工作来说是一种常态，不仅要理解场的意义，还要善用场对人的影响力，"站着把钱挣了"。

作为创业者，要想克服自身的局限性，往往需要学习大量的知识。心理学，特别是社会心理学方面的图书，为我提供了丰富的精神营养。走上创业这条路之后，我不仅要了解自己，还要了解他人，更要有影响他人的能力。后来我发现，创业者对身边人的正面影响力与销售人员对客户的正面影响力有相通之处。当我把创业心得与销售管理工作相结合之后，我突然意识到，这种正面影响他人的力场就是销售最需要的场。

"场"这个概念来自电商行业。"人、货、场"是电商行业的常用术语，描述了电商运营的三个核心要素。具体来说，"人"是指消费者或用户，电商平台需要了解自己的目标用户群体，包括他们的需求、习惯、购买力等；"货"是指电商平台上售卖的商品，商品的质量、品种、价格、描述、展示等都会影响用户的购买决策；

"场"是指营销和销售的场景或环境，电商平台不仅是一个销售商品的地方，还为用户提供了一个体验场所。这里所说的"场"包括网站设计、用户界面、购物流程、推荐算法、互动环节等。好的"场"可以增强用户的黏性，提高转化率和用户满意度。

而我所说的"场"源于人和人之间相互作用的关系，通常指双方或多方交往中形成的一种隐含的氛围、环境或背景。这种场是有形与无形元素相互作用的结果，影响着人们的情感、行为和沟通方式。

往浅了说，销售人员与客户之间的场，就是销售人员与客户互动的环境和背景，既可以是一间实体的会议室，也可以是一个在线的沟通平台，还可以是一个电话交谈的环境。往深了说，销售与客户之间的场，就是销售人员和客户当下的情绪状态，如放松、紧张、开心、沮丧等。引发这些情绪的因素包括建立信任、建立正面的情感连接等。要想建立信任，销售人员就要保持真诚、坦率，始终以客户的利益为出发点；要想建立正面的情感连接，销售人员就要跟客户分享自己的故事、经验，这些故事和经验所包含的价值观可以吸引真正认同销售人员的客户。

销售人员应该如何巧用场，借力打力，让客户的主观意愿倾向于有利于成交的方向呢？我总结了三个要点。

第一，换位思考，理解不同角色的诉求，突破拒绝。

销售人员应该根据客户的角色进行深入分析，不同角色的成交逻辑是不一样的。在冲动消费的场中，往往需要想办法屏蔽理性的角色。例如，在美容这个场景中，女性对美丽的憧憬驱动着她们做出购买决策。ToB的业务往往更加复杂，在一家企业的决策链路中会有各种各样的角色，只有各个角色之间达成平衡，才能推进合作。

以电话销售为例，销售进程经常会在前台人员这个角色上卡住。前台人员这个角色天然就是企业对外的屏障，其基本诉求就是帮自己的同事屏蔽诸多无效或干扰信息，所以前台人员挂断销售人员的电话并不奇怪。

当销售人员知道接电话的人是前台人员时，最佳的应对策略是在第一时间消除对方的疑虑，给对方一个无法拒绝自己的理由。

经验不足的销售人员会说："请帮我转接 ××× 经理。"试问，哪位前台人员会想都不想就转接电话呢？

正确的做法应该是，销售人员为前台人员提供一个正当的理由。

我们公司的电话销售人员遇到前台人员接电话时，一般会这样说："您好，贵公司的 ××× 在网上为贵公司申请了产品试用，我们没有他的直接联系方式，所以打了这个电话，能不能麻烦您转接一下？"在这种情况下，前台人员即便有顾虑，也多半会跟这位同事确认。

第二，满足不同角色的诉求，发展一致行动人。

做了这么多年的销售管理，我发现一个很有趣的现象：付出型的销售人员往往非常辛苦。这就像一些情感专家所阐述的，在恋爱关系中，付出多的那一方往往更容易受伤。好的关系应该是双向奔赴的，只有双方共同付出，才能构建和谐的关系。所以，每次看到销售人员一味地付出，我都会打趣他们"舔狗舔到最后一无所有"。

在一次例会上，我问一位销售人员最近有没有什么困难。他如实说："我的客户老放我鸽子，明明约好了时间，但总是一推再推，周末加班都约不上。"他的话打开了"苦水闸"，其他同事也开始大倒苦水。客户那边的领导指派职员采购，职员反复汇报，但迟迟不能推进合作，怎么办？客户那边的大领导表示感兴趣，但是分管领导一直拖着，怎么办？业务部门没问题了，但采购副总阻止了交易，怎么办？

这些问题都很常见，很多销售人员觉得这些问题很难解决。但其实只要换个角度，问题总能迎刃而解。就像在恋爱关系中，如果一方足够优秀，吸引力足够强，一定可以让对方奔赴而来。

我的建议是，销售人员一定要在第一时间传递自己的价值，让对方知道自己能帮上大忙。例如，前文提到的采购人员需要采购一套数字化系统，其诉求一定是不要买错，货比三家后告诉领导最优选择。销售人员应该在确认对方的身份后，第一时间传递自己的价值："我服务过上百家企业，我了解市面上所有主流的 CRM 系统，我能帮你节约时间，给你最专业的建议。我可以和你一起分析你们的实际业务，帮你出方案。"

第三，理解市场规则和社会规则，知道什么是真正的客情。

利益往来是市场规则，人情往来是社会规则。销售人员要分清楚什么行为是利益往来，什么行为是人情往来。例如，销售人员为客户申请优惠，其本质是利益往来，销售人员无法通过这种行为与客户建立情感连接。

很多销售人员认为，客情维护就是为客户申请优惠和折扣，帮客户做方案、做培训，日常给客户的朋友圈点赞，逢年过节发一些祝福语等。但是，从客户的角度来说，客户会觉得申请优惠、做方案之类的事情是销售人员本来就应该做的事情；给朋友圈点赞、逢年过节发祝福语最多算是混个脸熟。

我认为，真正的客情维护应该是价值交换。销售人员在为客户提供专业价值的基础上向客户传达善意，这才是真正建立情感连接的开始。试想，当我们作为客户去购买客单价较高的产品时，是不是倾向于向专业能力强且愿意毫无保留地分享的销售人员购买，甚至为他推荐新客户？如果你的专业能力足够强，你又在为客户加班，请你告诉客户，你在为他加班。这时，你就向客户发出了善意的信号，也能开始与客户建立真正的情感连接。

04 销冠六大底层能力之会听

在创业早期见投资人时，我经常被问一个难题："你们的壁垒在哪里？如果我带一支 30 人的研发团队，半年就把你的软件抄下来了，你怎么办？"

我们的创业项目是一款应用型软件，在技术层面上没有绝对的壁垒，所以这真的是一个超级难回答的问题。后来，我慢慢地成长为了创业老兵，长年累月带着团队经历了各种各样的商战。突然有一天，我在内心很好地回答了这个问题："别说半年时间，就是给我一年时间，我自己都抄不了我自己！别人怎么可能在这么短的时间内就抄下来了？"

这是长期"死磕"的成果给我带来的底气。

说回本节的主题，会听这件事情，实在太稀松平常了。在这个世界上还有不会听客户讲话的销售人员吗？事实证明，把不起眼的细节做到极致，也是一种了不起。要想真正做到会听，真的很不容易。

我们可以回想一下自己的学生时代，坐在教室里的 40 多位同学，一节课下来，获得的知识量是一样的吗？销售人员面对客户，有的听出了 50 分，有的听出了 100 分，他们的业绩必然不一样。即便软件的功能差不多，我们公司的销售人员能听出 100 分，而竞争对手的销售人员只能听出 90 分，那么大概率是我们公司胜出。

我曾经花时间详细解构听这项能力，持续对销售团队进行强化训练，让他们的耳朵变得更加敏感，这样他们就不会轻易漏掉任何一位潜在客户。经过一年多的"死磕"，销售团队的转化率一度达到惊人的 25%。这也是本节开头我对自己的答案非常笃定的原因之一。

随着年龄的增长和创业经历的积累，我发现自己的耳朵变得越来越封闭，难以接受别人的不同意见，更无法忍受难听的话。但幸运的是，我并没有在这条错误的道路上停留太久。在一次半朋友半商务性质的聚会上，我一直在自顾自地表达，没有注意到对面的老教授已经把脸侧了过去。他用肢体语言告诉我他没有兴趣继续听我说话。虽然当时我有点尴尬，但事后我开始更加注重审视自己，重视倾听别人的意见和想法。我也学会了在适当的时候保持沉默，以更好地倾听他人的观点。这不仅让我能更好地了解别人的想法，更加客观地看待问题，还让我变得更加成熟和自信，在人际交往中更加得心应手。

有一次，我在培训现场讲了这些亲身经历和心路历程，一下子就引起了大家的共鸣。其实，很多销售人员在和客户沟通的过程中也会犯听这个方面的错误。

首先，有些销售人员意识不到倾听的重要性。

有的销售人员总是假装在听，嘴上不停地回应"嗯""啊""是"，这种敷衍的行为看似无伤大雅，但已经让销售人员失去了真正了解客户的机会；有的销售人员听而不闻，总是打断客户的话，迫不及待地说自己想说的话；有的销售人员选择性地听，只听自己想听的部分，其他的内容左耳进右耳出。

在面试销售人员的过程中，我会抛出一个非常直接的问题："在跟客户交谈时，你是如何倾听的？有没有具体的方法可以分享？"绝大部分候选人都没有办法很深入地聊这个话题，因为听这件事情太平常了，就像你问一个人是怎么走路的、怎么呼吸的，如果不是自省到极致的人，几乎没有办法针对这种日常行为总结出一套方法论。但正是这样的习以为常，让我们丧失了敏感性，忽视了听的细节，丧失了倾听的能力。

其次，有些销售人员听不到重点，这是一个普遍的现象。

相比于听，说是大部分人更重视的事情。一位销售人员进入一家公司后，在正常情况下都会拿到一份推荐话术，哪怕短期内做不到活学活用，也能做到照本宣科。这种粗放的入职培训会带来一个严重的后果，那就是销售人员说的能力远远强于听的能力。在一些顾问式销售的场景中，销售人员往往不具备听重点的敏感性。

CRM 系统的销售是典型的顾问式销售，需要非常强的专业顾问能力。但显而易见，在一开始的时候，很多销售人员抓不住重点。

在不断的实战和复盘之后，我提出了"成交五要素"。在沟通的过程中，销售人员必须听出行业、销售团队规模、客户数量、销售模式、业务流程这5个关键要素。只要掌握了这5个关键要素，往往就能判断一家企业是否需要一套 CRM 系统。我们可以做一个简单的推论，如果一家企业有10位销售人员，销售过程管理一定是一个大难题，上一套 CRM 系统已经是刚需。如果一家企业的客户数量超过100个，也必须上一套 CRM 系统，否则客户管理成本极高。

这种结合成交要素做的关键信息要素提炼，在不同的销售环节都非常实用。例如，在销售线索评估阶段，很多销售人员都会运用 BANT 法则，四个字母的含义分别是预算（Budget）、决策人（Authority）、需求（Need）和时间（Timeline）。销售人员在做早期的线索清洗时，通过倾听和提取以上四个关键信息要素，可以快速判断一条线索的质量。

最后，有些销售人员听不出客户的潜在需求。

中国人讲话本来就比较含蓄，往往会有言外之意、话外之音，需要一对敏感的耳朵去捕捉。对于客户的直接需求，销售人员通过提取关键信息要素，学会听重点，一般都能捕捉到。但对于客户的潜在需求，销售人员就需要建立一套挖掘客户需求的方法论并不断地训练自己。"挖需"从来都是大学问，在大客户销售过程中，有些销售人员根本听不出客户的潜在需求，这约等于被一票否决。

客户的需求一般可以分为显性需求、隐性需求和深层需求。这里以汽车销售为例，介绍三类需求的不同之处。

显性需求是客户直接表达出来的需求，客户一般会直接告诉销售人员。

例如，客户直接告诉销售人员："我想要一辆油耗低的汽车。"这里的"油耗低"就是显性需求。

隐性需求是客户没有直接表达出来的需求，但它们对客户来说同样很重要，销售人员需要通过观察、提问了解这些需求。

> 销售人员："您有几个孩子？"
>
> 客户："我有两个孩子，一个上小学，一个上幼儿园。"
>
> 销售人员："这个年龄段的孩子上下学需要车接车送，假期也少不了全家自驾游，车内的空间一定要大一些才行。"
>
> 客户："是啊，经常是全家出门，偶尔还要带上老人。"

通过与客户的交谈，销售人员了解到客户有两个孩子，孩子上下学需要车接车送，外出旅游时偶尔需要带上父母。客户虽然没有提到空间需求，但从家庭状况来看，车内空间足够大应该是一个隐性需求。

深层需求是客户在情感、价值观或心理层面的需求，这些需求通常不容易观察到。要想挖掘深层需求，销售人员需要与客户建立信任关系，了解客户的内心想法。

> 销售人员："几个一线品牌的车您都试驾过了吧？"
>
> 客户："是的，我都试过了。"
>
> 销售人员："看来您是非常有实力的，对品牌有要求。"

继续交流之后，销售人员可能会发现客户非常在意品牌，希望购买的汽车能够彰显自己的社会地位和成就。在这种情况下，客户的深层需求就是希望拥有一辆品牌比较高端、有很高知名度的汽车，以体现自己的身份。

最后需要强调的是，能够梳理出完整脉络也是会听这项能力的重要组成部分。我们容易迷失在长长的对话中。在长时间的沟通中，人们难免会走神。一次面对面的沟通可能长达 2 小时，你一句我一句，转化成文本，可能有两三万字，信息量相当于一篇超级长文。在沟通过程中，销售人员不仅要听得出重点，听得出潜在需求，还要能梳理出完整脉络。

梳理出完整脉络不是一件容易的事情，需要适当地运用一些方法和技巧。例如，适时小结这个技巧就非常好用。通过运用这个技巧，销售人员既能跟客户快速确认重要信息，又能适当引导交流的走向，还能让客户感受到被倾听、被重视。

结合前面提到的"成交五要素"，销售人员在捕捉到某个关键信息要素时可以做一下小结。

销售人员："您刚才说您的销售团队有 10 多人，管理比较混乱。"

客户："是的，虽然只有 10 多人，但是每天都千头万绪，事情特别多，时间完全不够用。"

销售人员："是的，销售人员一多，数字化系统就成了刚需，我们的 CRM 系统可以帮您快速理顺 10 多位销售人员的日常管理工作。"

销售人员："我花 1 分钟时间简单总结一下刚才交流的内容。我们共聊了 4 件事情，分别是……"

在结束对话之前，销售人员要主动提出总结沟通内容，这样做既能确保本次沟通完整有效，又能让客户产生"这位销售人员非常专业"的感觉。

05 销冠六大底层能力之会说

很多人认为，只有口才好的人才能做销售。但实际上，口才好并不是真正的会说。嘴笨的人能不能做销售？我认为能。嘴笨的人只是不善于说，并不是不会说，只要克服了自卑，往往会爆发出巨大的能量。

现在的我是一个善于表达的人，在某些场合做 5 分钟的即兴演讲，根本不需要打草稿。我能声情并茂地完成演讲，全程不打一个磕巴。你可能很难想象，我在刚毕业的那两年每天埋头写代码，慢慢变得羞于开口，讷于表达。有一次，我打客户热线问话费余额，2 分钟的对话磕磕巴巴，就好像我在被审讯一样。

从 2013 年开始，在我创业的十余年时间里，有三段在一线打电话的实战经历深刻地改变了我，给了我宝贵的经验，让我从不敢说到敢说，从不会说到会说。我经历过这样的变化，感受过其中的心路历程，这些经历赋予我巨大的力量感。正因为如此，我深知会说这项能力对销售工作的重要性。

哪怕时间已经过去了 10 年，我回忆起第一次给陌生客户打推销电话的场景，依然清晰地记得当时的感觉：面红耳赤、口干舌燥、强作镇定。2013 年的我，只有 27 岁，大学毕业 4 年不到，带着满腔热血，一头扎进了互联网创业的浪潮。这次创业，我给影楼开发了一款可以在微信上分享的云相册。2014 年，中央电视台财经频道把我作为大学生创业的典型人物，对我做了专访。我现在打开这段宝贵的采访视频，还是会非常感谢电视里那个青涩稚嫩的自己。明明对创业一无所知，但还是闭着眼睛往前闯；明明害怕得不行，还是鼓起勇气，拿起电话，拨通了陌生客户的电话。

这段经历让我明白，销售人员在学会说话之前，首先要克服不敢开口的问题。

在销售这个领域，说话能力的重要性不言而喻。但是，许多销售人员并没有发挥出他们应有的"主场优势"，表现得不尽如人意。中国人的性格较为含蓄，大部分人在表达自己的想法和意见时都比较拘谨，羞于为了赚钱而开口。销售人员需要努力克服这些障碍，学会自信、流畅地表达自己的想法和意见，从一个不敢打扰陌生人的"小白"，成长为一个敢于陌生拜访、脸不红心不跳的"老鸟"。很多初出茅庐的销售新人会把敢于表达作为战胜自己的一个标志。

我是程序员出身，2013 年刚开始创业的时候主要负责编写代码。所以，27 岁的我并不是一个善于表达的人，甚至有点嘴笨。但是，战胜嘴笨的缺点，克服不敢开口的自卑，在陌生的销售领域冲杀出来的成功经历，给了我巨大的力量感。这种力量感，不仅驱使着我想尽办法拿下陌生客户，还成了我身体里的一种原生战斗力，不管遇到什么拦路虎，都想冲上去先亮个剑！

我的第二段电话销售经历发生在 2016 年 12 月到 2017 年年中。

时间很快来到了 2016 年年底，我们的事业终于走上了正轨。2017 年 2 月，我们与重要的合作伙伴签订了战略合作协议；同年 6 月，我们发布了正式版的产品；同年 8 月，天使轮融资款项到账；同月，公司实现盈亏平衡。也是在 2016 年年底，我们开始有足够的资金投放广告，开始有看到广告的客户给我们留下电话号码。

通过这段经历，我学到了一件事情，要尽量在 10 秒之内吸引住客户。

给看到广告的客户打电话，最苦恼的事情是，他们明明看了广告，主动留下了电话号码，但是当我打电话过去时，他们听完开场白往往会无情地挂断电话，说自己弄错了，甚至明明只隔了 5 分钟，客户也会说自己不记得留过电话。

在一次逛书店的时候，我偶然发现一本日本作家写的书，讲的是 10 秒沟通技巧。作者用通俗易懂的方式介绍了怎么用 10 秒把一件事情表达得生动有趣、易于理解和令人印象深刻。这个技巧太适合销售了，于是我花了两个月的时间训练销售团队。只用 10 秒吸引住客户，对销售人员来说无异于天方夜谭。但是，两个月之后，绝大部分同事都掌握了这项绝技。

10 秒大概能说 30 ～ 50 个字，只用这么少的字表达清楚一件事情并保证内容足够吸引人，需要长期的练习。我总结出了四大法则，下面逐个介绍。

法则一：多用数字和短语。

以天气预报为例，"今天全国大部分地区天气晴朗，但浙江地区会有降雨。除杭州降温 3 摄氏度外，最高气温与今天基本相同"，你认为这段话的记忆点在哪里？我想大部分人都会说"天气晴朗""降雨"和"降温 3 摄氏度",这些都是短语和数字。因此,销售人员在跟客户沟通时,要在出现短语和数字的地方加重语气。

法则二:把重要的事放在前面说,尽量遵循"5W1H 法则"。

以通告为例,"今日上午 6 时左右,连接浙江杭州和云南昆明的高铁线路由于列车发出异常信号,全线停运 1 小时",在这段话中,时间是最重要的信息,6 点左右线路就停运了,所以应该把这件事情放在前面说。

法则三:把要沟通的内容提前写下来,50 个字一段。

为什么要 50 个字一段呢?这是一个演讲技巧。50 个字一段,刚刚好,短小精悍。在说话的时候,每句话断句断在什么地方要明确,多余的语气词和助词最好删掉。很多销售人员在跟客户沟通时会不自觉地把"然而""不过""还有"挂在嘴边,这样说话会显得销售人员犹犹豫豫、很不专业。

法则四:建立自己的沟通框架,用讲故事的方式沟通。

销售人员尤其是电话销售人员在跟客户沟通时,往往没有 PPT 的辅助,和客户聊 10 分钟或 20 分钟之后,话题很可能被客户带偏。因此,销售人员每次跟客户沟通之前,都要明确这次沟通的整体框架,包括这次沟通的目的及核心事项。沟通结束后要总结这次沟通的目的是否达成,核心事项是否沟通到位。

我第三次在一线打电话的经历发生在 2018 年。这一年,我牵头成立了一支续签团队,给所有到期的客户打电话,请求老客户续费,挽回流失客户。续费率是软件即服务(Software as a Service,SaaS)这种商业模式的重中之重,只有保证续费率,才能确保这个商业模式能走通。给流失客户打电话,最大的痛苦是无穷无尽的客户抱怨。"产品不好用""功能有缺陷""服务不及时""员工不愿意用""领导觉得没用"等客户抱怨，就像一记记重拳捶打着销售人员的心脏。这时，如何应对抱怨，怎么和客户沟通，就显得尤为重要了。

创业早期的艰苦之处，往往就体现在这种"从 0 到 1"的时候：没有能征善战的团队，缺乏能够独当一面的人才，缺少高屋建瓴的认知，遇到拦路虎，往往需要创始人冲上去攻坚克难。2018 年，我一边带领研发团队闭关一年，攻克关乎公司生死的产品迭代，一边带领续签团队给流失客户逐一打电话。从 2018 年 6 月到 2019 年 7 月，我几乎每个工作日都是晚上 12 点以后才到家，第二天早上 9 点之前准时上班。哪怕每天都回家，但往往一周都和上幼儿园的女儿碰不上一面。

有一次，我参加女儿的开学仪式，学校请了一位教育专家演讲。其中的一个重点话题就是如何跟孩子沟通。这位专家举了一个例子，如果孩子回家和你哭闹，说自己在学校被欺负了，家长该怎么回答？现场家长踊跃发言，但没有一位家长的答案是及格的。最后专家公布了答案，她说孩子最大的需求是被关注，所以第一步是倾听，第二步是同理，第三步是把问题"踢回去"。在倾听阶段，家长应该说"宝贝，你遇到了什么事情让你这么伤心"；在同理阶段，家长应该说"我知道了，你一定很伤心"；在把问题"踢回去"阶段，家长应该说"那你觉得我怎样做才能帮到你"。

当时，我每天都在想办法解决客户提出大量异议的问题，教育专家的话一下子帮我打开了思路，客户异议处理也是有框架的。

首先，倾听。客户是带着脾气和情绪表达意见的，在这个过程中，销售人员要倾听。

然后，表示认同。以价格异议为例，客户反馈价格过高，销售人员可以回复："是的，我们的产品价格确实贵一些，但贵有贵的道理。"

接着，进行澄清。销售人员可以说："我们的产品价格为什么贵呢？因为我们的产品采用'All in One'（一体化）的策略，很多本来需要单独付费的功能直接向用户开放。"

接着，传递价值。销售人员可以说："而且，我们的服务比较好，产品功能非常完整，上手就能用。"这些都是产品的核心价值。

最后，请求认同。销售人员可以说："您理解并认同我的说法吗？"

这就是"异议处理五部曲"。

最后，我还要强调一点，会问问题是会说这项能力中最重要的组成部分之一。

客户回答什么，其实是销售人员问出来的。销售人员想要的结果，往往就在提问里。举个例子，销售人员问客户"你计划什么时候买"，这是一个开放式问题，客户往往会给一个模棱两可的答复，如"我再考虑一下"，这个回答里没有有效信息。如果销售人员问客户一个封闭式问题，如"您在 1 个月内有购买计划吗"，客户往往会确切地回答有或没有，销售人员就可以知道在这 1 个月内是否有机会成交。

还有一种常见的情况是，销售人员在了解客户需求时一下子提出了一连串的问题，导致客户感到压力很大、不耐烦。例如，一位手机销售员试图了解客户的购买需求，他接连地发问："您需要多大屏幕的手机？您需要什么样的配置？您喜欢什么颜色？"这种提问方式可能会使客户产生逆反情绪，影响沟通效果。

针对这种情况，我提出了一种提问策略——将开放式问题、封闭式问题、情景式问题结合起来。具体的做法是，用开放式问题激发客户思考，引导他们分享更多的需求和痛点，用封闭式问题确认具体信息，推动销售进程，用情景式问题设定具体场景，帮助客户更好地理解产品的优势。这种提问策略的优势在于，它能更好地挖掘客户需求，提高销售转化率。

这个提问策略有以下五个要点。

（1）从开放式问题开始。通过提出开放式问题，激发客户思考，引导他们分享需求。例如，销售人员可以问："您希望这款手机帮您解决什么问题？"

（2）适时抛出封闭式问题。在了解客户需求的基础上，使用封闭性问题确认具体信息，推动销售进程。例如，销售人员可以问："您是否需要 512 GB 的存储空间？"

（3）融入情景式问题。通过设定具体场景，帮助客户更好地理解产品的优势。例如，销售人员可以问："假设您在旅行时需要拍摄高质量的照片，您认为这款手机能满足您的需求吗？"

（4）主动倾听和回应。在提问过程中，认真听客户的回答，根据回答调整提问策略，并给予回应。例如，销售人员可以说："您刚才提到希望手机有强大的影像系统，我们这款手机拥有三摄系统，可能更符合您的需求。"

（5）控制提问节奏。避免连续提问，不要让客户感到压力过大。给客户思考的空间，注意观察客户的反应。

四步成功挖掘客户的全部需求

第一步：倾听客户需求

- 保持耐心，避免打断或提前做出判断。
- 通过点头、微笑表现出自己在认真倾听。
- 记下关键信息，以便后续回顾和分析。

第二步：用提问挖掘客户需求

- 用开放式问题引导客户更深入地阐述。
- 用封闭式问题获取具体信息。
- 用情景式问题深入了解客户需求。

第三步：对客户需求进行优先级排序

- 根据紧迫程度对客户需求进行排序。
- 评估不同需求对客户的影响程度。
- 从众多需求中找出最核心、最急迫的需求。

第四步：提供最佳解决方案

- 向客户展示你的产品如何满足其需求。
- 提供成功案例，让客户看到使用效果。
- 提供有针对性的解决方案。

06 销冠六大底层能力之会要结果

2019 年，在岗已经两年多、第一批入职的老销售人员小 Y，业绩就是不上去。

我从 2017 年开始正式组建电话销售团队，全程陪伴每一位团队成员成长，所以对团队中的每一位成员都非常熟悉。对于小 Y 的情况，我一方面好奇背后的原因，另一方面非常希望能帮助他实现突破。于是，我就坐他边上，听他打电话，一连听了两周多。最后，我找到了原因：他每次打完电话，总是礼貌地说"嗯，嗯，好的，我们下次联系……"，没有任何一通电话是有结果的。

优秀的销售人员应该有极强的目标感，每一通电话都要有目标。而小 Y 不知道为什么要打这通电话，打电话的目的模模糊糊，要不要拿到结果也模棱两可！

销售这个职业的残酷之处在于，这是一种以结果论英雄的游戏，除了成交，别无选择。一位会要结果的销售人员，要保证自己所有的动作都指向成交这个目标，并在执行过程中确保动作不变形。

我们有一位同事，每个月都需要销售主管打配合，才能完成业绩目标。他做的绝大部分单子，都是他做服务，销售主管要钱，只有这样才能把单子结掉。他的问题显而易见，就是不敢向客户开口要钱，也就是不敢要结果。后来，他干脆转岗去了售后团队，他这种不问结果、用心服务的性格，反而让他在售后岗位上如鱼得水。

两周之后，我按照销冠的标准，专门为小 Y 做了一张评估表。这张表可以把打电话的过程量化，其中涉及要结果的部分如下。

- 本次沟通的目的是什么？是否已经达成？
- 本次沟通完毕后是否可以发出合作请求？
- 下次沟通的目的是什么？是否与客户做了约定？
- 下次沟通在什么时候？是否与客户做了约定？
- 下次沟通完毕后是否可以发出合作请求？

许多销售人员都会在要结果这个关键环节犹豫不决。每一位销售人员都会在心里纠结要不要向客户发出合作请求，什么时候发出合作请求。我想告诉大家，不存在"完美的成交时机"，也不存在"肯定能成交的时刻"，所以千万不要等。实际上，所有的纠结都源于对拒绝的恐惧。销售人员之所以一直拖，不主动请求成交，是因为本能地害怕被拒绝。

销售人员掌握正确的节奏，不仅能提高成交率，还能在面对拒绝时保持冷静和自信。

首先，在第一时间请求合作。在确认客户需求与产品或服务匹配后，立即提出成交！不要等到客户提出更多的问题或疑虑时再请求成交。

其次，提出成交前准备好应对拒绝的话术。如果客户拒绝，要能立即提出解决方案，增强说服力，而不是支支吾吾、犹犹豫豫。

最后，做好心理准备。如果客户说"不"，应该立即接受，然后询问"您还有什么顾虑或问题吗"，进一步了解客户的需求。

在这张简单的评估表的帮助下，小 Y 当月的业绩就冲到了第三名。每一通电话打完后，小 Y 立刻填表，填完表再打下一通。当天复盘时，组长按照清单再帮助他梳理一轮。这是围绕一个确定的问题进行的刻意训练，其效果是立竿见影的。在短短两周的时间内，小 Y 就大体具备了要结果这项能力。我认为，有时候销售人员业绩不好并不是能力不行，而是缺少外部建议及训练方法的改进。

刚才讲了老手成长的故事，接下来讲一个新人的故事。

现在的小 F 是一位非常优秀的销售主管，完全无法想象她的上一份工作是日语翻译。在她还是新人那会儿，月初制定当月业绩目标时，我鼓励她做到 15 万元以上。她一听就惊呆了，心想这怎么可能做得到，这可是连老手也不一定能实现的业绩目标。我告诉她："库里有 13 个重点客户，这里就有 6 万元的业绩储备；每天分配给你 3 个客户，你应该争取将 1 个客户推进到重点客户的阶段。结合 16 天的转化周期，就可以攒下 7 万元的业绩储备；剩下 2 万元的缺口，你可以从'公海池'里捞。"到了月末，她果然如期完成了目标。更重要的是，这个过程让她信心倍增，无比坚信自己能挑战更高的业绩目标。

提高新人留存率的关键在于信心建设，信心建设的关键在于拿到结果，而拿到结果的关键在于目标制定和路径拆解。

目标拆解主要是为了确保一线销售人员能够有条不紊地达成业绩目标。通过将月目标拆解为周目标、日目标，销售人员可以更加有重点、有动力地实现总体目标。

下面结合具体的例子讲一下怎么做目标拆解，共有 7 个步骤。

（1）明确总的业绩目标，例如，本季度销售额达到 300 万元。

（2）根据产品的平均价格，确定需要完成的交易数量。假设产品平均价格为 1 万元，那么需要完成的交易数量就是 300 ÷ 1 = 300（笔）。

（3）根据以往的经验确定从潜在客户到实际交易的转化率。例如，以往的数据显示，每向 10 个潜在客户推销，就能成功完成 1 笔交易，那么转化率就是 10%。

（4）根据上述转化率计算出需要接触的潜在客户数量。为了完成 300 笔交易，需要接触的潜在客户数量是 300 ÷ 10% = 3000（个）。

（5）拆解出每天或每周的工作目标。假设一个季度按 90 天算，那么每天需要接触的潜在客户数量是 3000 ÷ 90 = 33.3（个）。也就是说，每天要接触 33 个或 34 个潜在客户。

（6）拆解工作内容。例如，每天需要完成的任务包括：寻找和筛选 5 个新的潜在客户，进行 25 次初次接触或回访，进行 3 次产品演示或报价。

（7）监控和调整。每周或每月回顾销售数据，如接触的潜在客户数量、转化率等，根据实际情况调整后续的策略或方法。

作为一线销售人员，一旦学会目标拆解，就可以把工作时间分配到拆解好的工作内容上，通过分解四大类客户拿到业绩结果。

针对新增客户，根据月目标计算出每天需要获得几个新客户。不管打电话还是陌生拜访，一定要每天花时间获客。

针对潜在客户，也就是不着急买、还要等等看的客户，通过发朋友圈、发抖音等方式去影响他们。

针对重点客户，花时间去跟进、解答客户异议，努力推进到成交阶段。重点客户都是"确认过眼神"的客户。不要把时间和精力

用简单的计算完成目标拆解

第一步

明确总的业绩目标

例如，本季度销售额达到300万元。

第二步

确定需要完成的交易数量

假设产品平均价格为1万元，那么需要完成的交易数量为 300÷1 = 300（笔）。

第三步

确定转化率

例如，以往的数据显示，每向10个潜在客户推销，就能成功完成1笔交易，那么转化率为10%。

第四步

计算需要接触的潜在客户数量

为了完成300笔交易，需要接触的潜在客户数量为 300÷10% = 3000（个）。

第五步

拆解出每天或每周的工作目标

假设一个季度按90天算，那么每天需要接触的潜在客户数量为3000÷90 = 33.3（个），即33个或34个潜在客户。

第六步

拆解工作内容

例如，每天需要完成的任务包括：寻找和筛选5个新的潜在客户，进行25次初次接触或回访，进行3次产品演示或报价。

第七步

监控和调整

每周或每月回顾销售数据，如接触数量、转化率等，根据实际情况调整后续的策略或方法。

浪费在大概率不会成交的客户上，锁定重点客户，他们才是值得跟进的，否则越努力越心酸。

针对成交客户，帮忙处理合同、发票等事情，还可以要个好评，让他们帮忙转介绍等。

目标预测是继目标拆解之后的一项重要技能。通过准确的目标预测，销售人员可以确保拿到最后的业绩结果。也就是说，销售人员要先制定目标、拆解目标，然后在执行的过程中不断通过目标预测来评估目标能否完成。对于目标预测这件事情，不仅管理者感到头疼，一线销售人员也感到头疼。对管理者来说，目标不能拍脑袋定；对一线销售人员来说，业绩目标能否完成，心里总是没底，难免焦虑。

在管理销售团队的几年时间里，在业绩预测这件事情上，我可以做到非常精准。业绩的计算方法很简单，销售额 = 流量 × 客单价 × 转化率，再结合转化周期，很快就能做出整体的预测。例如，库里有 500 个客户，平均客单价是 1 万元，平均转化率是 2%，平均转化周期是 30 天，那么这个月的业绩大概就是 10 万元。

在实际的销售工作中，可以进一步从存量客户、增量客户和盘活客户的角度细化目标预测。将客户数量与客户来源和转化率相结合，可以整理出一张以"来源""数量""转化率"这三个字段为核心的表格。

首先，盘点存量客户，明确针对存量客户可以做出多少业绩。

（1）库里的客户共有多少？

（2）重点客户有多少？

（3）短期能推动的客户有多少？

然后，盘点增量客户，明确针对增量客户可以做出多少业绩。

（1）每天、每周、每月的新增客户有多少？

（2）新增客户来自什么地方？

（3）新增客户数量是否稳定？不稳定的风险有哪些？

最后，盘点跟进量，明确每天的跟进量能否支撑业绩目标的实现。

（1）每天能盘活多少客户？

（2）能有效盘活多少客户？

（3）有多少客户长期"躺着不动"？

重视盘活可以避免贪多嚼不烂，这也是销售团队往往会限制客户池规模的原因。例如，我们公司的销售团队将大客户销售的客户池规模限制在不超过 150 个，将中小客户销售的客户池规模限制在不超过 600 个。道理非常简单，盘活量是有限的，能跟进的客户也是有限的，多了只会造成浪费。

第 2 部分

销冠应该具备的数字化思维

跟一个客户成交并不难，难的是从偶然的成交中提炼出必然的成功路径。销售数字化是被验证过的、真实可行的一条复制销冠之路。

07 理解九大数据指标

　　成交一次并不难，难的是从一次次偶然的成交中提炼出必然成交的方法和路径。销售数字化是被验证过的、真实可行的一条复制销冠之路。

　　销售是长在数字上的一份工作。很多人都说销售团队最好管，一切拿结果说话，这个结果就是数字。我是从 CTO 岗位转到 COO 岗位上的，也就是从技术管理岗转到了业务管理岗，按理说应该困难重重。但是，在这个转变的过程中，我牢牢地抓住了数字化这个有力的工具，不仅没有不适应，反而如鱼得水，打造了一支能征善战的销冠团队，还把几年的管理经验提炼总结成一套方法论。

　　销售人员到底要掌握多少数字化的理论知识，才算是入门了？我认为，一线的销售人员不需要掌握多么高深的理论体系，只要结合实际工作经验，理解九大数据指标，就能用好数字化工具。

　　本书第一部分介绍过业绩增长公式，即销售额 = 流量 × 客单价 × 转化率。例如，假设某位销售人员的客户库里有 500 个客户，平均客单价是 1 万元，平均转化率是 2%，平均转化周期是 30 天，我们就可以预测这位销售人员 1 个月的业绩大概是 10 万元。

　　这个公式非常好理解，销售人员的业绩基本就是由流量、客单价和转化率决定的。下面先介绍这 3 个指标的概念。

（1）流量

销售人员多多少少都会为客户数量、线索数量感到焦虑，这就是所谓的"流量焦虑"。人们都说这是一个流量为王的时代，掌握了流量就约等于掌握了财富。但是，销售人员不能奢望海量的流量，往往要在有限的流量内做出尽可能多的业绩。因此，对于流量，销售人员既要追求数量，也要追求质量。

举个例子，某鞋品牌在某购物中心一楼的黄金位置开了一家新店。尽管每天路过的人很多，但进店的人却不多，更别说消费了。后来，店长重新设计了橱窗和店内布局，进店客流明显增加，销售额也大幅增长。这个例子告诉我们，流量并不等于业绩，关键是如何把流量转化为销售额。

因此，很多人鼓吹的"赚钱就是搞流量"这句话，既对也不对。对的地方在于，流量大，曝光度高，对销售来说总归是好事；不对的地方在于，如果流量既不精准又无法转化，那么只会浪费大量的金钱和人力。因此，只有精准的流量才是好流量，才能带来成交。

（2）客单价

对特定的产品来说，产品单价往往是相对固定的。但是，产品单价不等于客单价。一个客户可能会一次性购买多套产品，或者一次性购买多年的服务，或者搭配其他产品一起购买。

我们不能忽视客单价这个指标，哪怕是在产品单价相对固定时，也要尽可能去冲击更高的客单价。销售人员一定要学会提高客单价，原因很简单：流量相同，客单价越高，销售额越高，业绩越好。

高客单价和低客单价的打法往往是不一样的。有人会说，客单价越低，潜在客户基数越大，就越好卖。持这种观点的人忽视了一点：低客单价意味着销售人员要面对一群客户，而高客单价可能意味着销售人员只需要面对一个客户，这两种情况下的效率有着天壤之别！

（3）转化率

有 100 个线索，有 1 个客户成交，转化率就是 1%。同样的流量，同样的客单价，转化率翻倍，销售额就能翻倍。在我管理销售团队的多年中，我甚至见过不同的销售人员转化率差了 10 倍。也就是说，仅这一个指标的差距，就让销售额产生了 10 倍的差距。销售人员在修炼内功的时候一定要特别关注转化率，甚至可以说转化率是业绩的根本。

上面介绍了业绩增长公式涉及的 3 个指标。其实，影响当月业绩的还有一个非常重要的指标，那就是转化周期。

（4）转化周期

不同产品的转化周期是不一样的，而同样的产品在不同的销售人员手上转化周期也大有不同，因为他们的销售转化能力并不相同。转化周期可以用来衡量销售人员的销售转化能力。转化周期越短，销售转化能力就越强。优秀的销售人员往往出手快、准、狠。

假设转化周期是 15 天，那么一个月里第 16 天进来的线索，一般要到第二个月才能成交。从第 16 天开始积累的线索，可以对下个月的业绩产生帮助。因此，在业绩增长公式的基础上，把转化周期也考虑进来，就可以更精准地预测当月业绩。

既然转化率是业绩的根本，接下来就介绍几个与转化率息息相关的指标。

（5）客户分层

要想提高转化率，就要对客户进行分层。销售人员会遇到各种各样的客户，不可能用一套话术一成不变地应对不同类型的客户。大客户和小客户在转化周期、销售方式等方面有很大的区别，男性客户和女性客户的购买决策逻辑可能差别很大，因此销售人员要针对不同的客户制定不同的销售策略。

从企业的角度来说，不同的客户一般会由不同的团队负责。例如，有的企业会分别设立大客户销售团队和中小客户销售团队。从销售人员个体的角度来说，为了完成销售转化，必须对客户进行分层。例如，对于 ToB 销售，可以按行业、地域、规模等对客户进行分层；对于 ToC 销售，可以按性别、年龄、性格等对客户进行分层。

（6）客户阶段

要想对客户进行精细化运营，就一定会用到客户阶段这个概念。客户阶段有时也被称为客户生命周期或客户旅程，是指客户从与产品产生互动到结束的所有阶段。客户阶段可以帮助企业和销售人员理解客户具体处于什么状态，以制定更有针对性的营销及销售策略。

一般来说，至少可以划分出 4 个客户阶段，分别是了解阶段、方案阶段、成交阶段和售后阶段。每个阶段还可以根据不同的行业做进一步的划分。划分的原则是细化客户转化过程的颗粒度，细到明确每个阶段的具体定义和建议销售动作。

例如，了解阶段的定义是"客户有购买意向但还在了解产品"。这个阶段的建议销售动作是"给客户发产品白皮书、客户案例，向客户要联系方式，了解客户的预算，明确客户是不是关键决策人"。

讲到这里，我要提出几个问题：你对自己的客户做过阶段划分吗？每个阶段的定义是什么？每个阶段的建议销售动作是什么？

（7）盘活量

盘活量就是每天跟进的客户数量。前文提到，销售是长在数字上的一份工作，但在这里我要补充一下，销售也是长在概率上的一份工作。假如流量恒定不变，都是每月 100 个，但只要你积极地盘活客户，跟每个客户联系得比同事勤快一点，你的转化率就很可能会比同事高。

盘活量主要由两个因素决定，第一个因素是勤奋度。勤奋是优秀销售人员最重要的特质之一。正常情况下，不够勤奋的销售人员很难获得好业绩。第二个因素是跟进的技巧。重点客户要重点跟进，不同阶段的客户要有不同的跟进策略，不同分层的客户要有不同的跟进方式。只有既勤奋又采用正确的方法，才能提高盘活量。

（8）有效盘活量

有效盘活量在盘活量的基础上提出了进一步的要求，即达成有效沟通。事实上，不是每一次盘活都能达成有效沟通。从广撒网的角度来说，企业要鼓励销售人员尽可能多地盘活客户，哪怕是发条消息、留个言都算一次盘活。但是，从精耕耘的角度来说，企业要鼓励销售人员达成更多的有效盘活。

假如无法与盘活的客户深入交流，转化率就一定很低。假如你给客户打了一通电话，第二次死活都没有办法打通，就说明第一通电话大概率是不达标的。假如你的有效盘活量远低于同事，就说明你的销售能力不如同事。

（9）客户流失率

客户流失率是一个关键的商业指标，是指在一段时间内失去的客户数占开始时客户总数的比例。该指标可以帮助企业了解有多少客户在特定时间段内停止使用其产品或服务。

关注转化率，就一定要关注流失率，这两个指标就像一枚硬币的正面和反面。只有知道客户为什么流失，才能更加了解客户成交的原因；只有关注客户流失，才能更加聚焦客户成交的要素。失败乃成功之母，每一次客户流失，都是销售人员聚焦客户画像、提升销售能力的契机。

九大销售数据指标

流量

不能奢求海量的流量，不能奢求都能成交，要在有限流量内做尽可能多的业绩。

客单价

要学会提高客单价，低客单价意味着需要面对一群人，而高客单价意味着只需要面对一个人。

转化率

转化率是业绩的根本，仅凭转化率这一个指标，就可以明确工作改进方向。

转化周期

转化周期可以用来衡量销售人员的销售转化能力。转化周期越短，销售转化能力就越强。

客户分层

要想提高转化率，就必须对客户进行分层及精细化运营。

客户阶段

划分客户阶段要细到明确每个阶段的具体定义和建议销售动作。

盘活量

销售是长在概率上的一份工作，盘活客户越积极，转化率就越高。

有效盘活量

不是每一次盘活都能达成有效沟通，只有达成有效沟通的盘活才算有效盘活。

客户流失率

只有知道客户为什么流失，才能更清楚客户成交的原因。

08 用数据寻找自己与销冠的三个差距

2015 年，我有幸读到了曾鸣写的《智能商业 20 讲》，其中一讲阐述了"活数据"的概念，这个概念这些年来对我的帮助很大。在这里，我借花献佛，把这个概念转述给大家。

活数据有以下三个特点。

（1）全样本记录，不是抽查，不是少量记录，而是把全部的数据记录下来。以九大数据指标为例，对于每一项指标，我们都要留存原始记录。不管转化率、客单价这类结果指标还是盘活量、有效盘活量这类过程指标，不管团队整体数据还是个人数据，在全样本记录的前提下，都能当作活数据加以应用。

（2）先有数据后有洞察，关注数据之间的相关性，有数据就有洞察。我们基于全样本留存的数据进行数据洞察，可以找到自己与销冠的三个差距——销售转化能力的差距、引流获客能力的差距、客户经营能力的差距。

（3）有洞察就有决策，通过活数据产生的洞察可以帮助我们形成决策。找到差距之后的决策，自然就是补齐短板、对齐销冠。

近年来，大数据的概念和应用非常火热，但销售人员作为个体，难以积累那么大量级的数据，在具体工作中也几乎没有大数据的应用场景。但是，活数据这个概念可以很好地应用到数字化销售管理体系中，指导我们开展数据分析工作。

接下来详细介绍如何灵活运用九大数据指标，找到自己与销冠之间的差距。

销冠的三大核心技能

最核心的能力

销售转化

转化率是
一切的根本

最吃香的能力

引流获客

主动吸引
和获得客户

最"躺赚"的能力

客户经营

关心客户
的全生命周期

（1）寻找销售转化能力上的差距

销售转化能力是销售人员最核心的能力，这个能力的核心指标就是转化率。

我们可以通过分析转化率这个结果指标及盘活量、有效盘活量这两个过程指标，寻找自己与销冠在销售转化能力上的差距。在时间的维度上，自己跟自己对比：分析本月这三个指标的变化，找出波峰和波谷，找到自己能力的上限和下限。在人的维度上，自己跟销冠对比：分析自己跟销冠的差距，既可以对比每个月的差距，也可以对比上限和下限的差距。

① 分析转化率这个结果指标。前文提到，转化率是一切的根本。对销售人员来说，如果只能分析一个指标，那么非转化率莫属。不管作为销售人员还是作为销售团队管理者，一定要记住，在任何时候都要紧抓转化率指标，得转化率者得天下。

要分析的转化率指标有两个，分别是当月转化率和综合转化率。

当月转化率的计算公式如下。

当月转化率 =（当月新增且当月成交的客户量 ÷ 当月新增线索量）× 100%

假如这个月新增 100 个线索，新成交 10 个客户，其中 5 个客户是当月新增的，那么当月转化率就是 5%。

综合转化率的计算公式如下。

综合转化率 =（当月成交的客户量 ÷ 当月新增线索量）× 100%

沿用上面的例子，综合转化率是 10%。

当月转化率是一个短期波动较大的指标，当月开发的线索当月就成交，这比较考验销售人员当月的销售状态。如果转化周期超过一个月，可以根据实际情况把月改成季或半年。综合转化率是一个消除了转化周期影响、相对稳定的指标，在一个长周期里可以反映销售人员的整体转化能力。

② 分析盘活量、有效盘活量这两个过程指标。在销售行业有这样一句话："好的销售过程带来好的销售结果。"在日常工作中，一定要重视销售过程管理。

高转化率是怎么来的？一定不是偶然得来的。只有扎扎实实做好每一个环节，才能得到一个可控的结果。我们要关注每一条线索、每一个客户和每一个商机的转化过程。当客户转化周期较长时，在转化过程中会有非常多的销售动作和过程指标，我们可以化繁为简，只关注最核心的两个指标——盘活量和有效盘活量。

盘活量可以简单地理解为每天跟进的客户数量。无论采用当面拜访、打电话、发邮件、发短信这类传统手段，还是通过 QQ、微信或钉钉等工具进行在线交流，只要触达过一次客户，就算一次盘活。

有效盘活量则在盘活量的基础上增加了有效沟通的要求，是指达成有效沟通的客户数量。

通过分析转化率这个结果指标，我们可以找到自己与销冠之间的差距。在绝大部分时候，转化率的差距基本可以反映业绩的差距。

我们通过分析盘活量和有效盘活量这两个过程指标，可以找出结果指标存在差距的原因，从而找到努力的方向。

（2）寻找引流获客能力上的差距

我们可以通过分析流量找到自己与销冠在引流获客能力上的差距。很多企业同时设立市场团队和销售团队，市场团队负责引流，帮助销售团队获取线索，而销售团队负责转化，帮助公司赢得订单。因此，我把销售转化能力视为销售人员最核心的能力。但在很多情况下，企业会要求销售人员自行拓客。也就是说，企业不提供线索或只提供少量线索，销售人员要自己解决引流获客的问题。

流量的分析维度非常多，既可以分析各渠道流量的转化率、客单价和转化周期，也可以分析各渠道流量的留资量、留资成本和投入产出比（Return On Investment，ROI）。不过，销售人员更关注的是自身的引流获客能力，尤其是向销冠看齐，因此要分析流量的主要来源及其占比，找出自己与销冠在流量结构上的差距，从而找到努力的方向。

销售人员手上的线索，大致可以分为三类——公司提供的线索、陌生拜访带来的线索、客户转介绍带来的线索。新人的线索以前两类为主，老手的线索第三类占比较高，这正是客户经营的价值所在。切记，销售人员不能只想着做一锤子买卖！

如果销冠的第二类线索占比高，就要重点提升陌生拜访能力；如果销冠的第三类线索占比较高，就要沉下心来做好客情沉淀。最好的成长方式，不是闷头狂奔，而是找到最厉害的人，分析他的各种数据，学习他的优秀方法。

（3）寻找客户经营能力上的差距

在销售领域，我们会借用相声界的一个术语"现挂"，意思是和客户第一次沟通，直接从线索推进到成交！这会让销售人员感到非常振奋，可惜不常发生，绝大部分成交都是通过长期经营而实现的。

要想做好客户经营，就离不开客户阶段。前文介绍过，客户从线索到成交，大致会经历四个阶段——了解阶段、方案阶段、成交阶段和售后阶段。但是，这种划分阶段方法颗粒度太粗，很难帮助销售人员有效地进行客户经营。

首先，我们要分析自己与销冠在客户阶段划分上的差距。很多销冠可能没有总结出一套客户阶段方法论，但他们心里一定有一套客户阶段划分方法，让他们可以非常准确地把握客户阶段。

以我们公司为例，我们划分了 6 个客户阶段，分别是线索阶段、试用阶段、需求明确阶段、意向合作阶段、确定合作阶段和成交阶段。每个阶段都有一句话定义和建议销售动作。以需求明确阶段为例，一句话定义是"1 个月内要买 CRM 系统"，建议销售动作是"在线演示 CRM 系统，为客户提供解决方案"。

其次，我们要分析自己与销冠在各阶段客户数量上的差距。每个阶段的成交率都可以估算出来，结合各个阶段的客户数量，就能比较准确地预测出成交量。销售人员从这个角度分析自己与销冠之间的差距，很容易就能发现哪个阶段的客户数量不合理。

最后，针对某个具体阶段的客户数量差距，有针对性地弥补客户经营能力上的差距。以我们公司为例，假如某位销售人员意向合作阶段的客户数量特别少，就说明他从需求明确阶段向意向合作阶段推进的能力需要提升，可能是传递产品价值的能力不够强、产品的讲解能力不够强或解决方案设计能力不够强。否则，明明客户的需求非常明确，为什么就是无法推进到下一阶段呢？

其实，每个人成长的过程都是一个不断发现问题和解决问题的过程。本节提供了一个向销冠学习的思路，销售人员通过对比分析，可以找出自己与销冠在三项主要能力上的差距，并洞察产生差距的原因。

09 让业绩倍增的魔法指标

2023 年，我重新接手电话销售团队的管理工作。当时，电话销售团队遇到了前所未有的困难，外部的环境变化、内部的战略调整、管理思维的转变让整个团队的节奏陷入混乱。不过，到 2023 年结束的时候，我内心充满了信心。这是经历了极度的困难，又成功战胜了困难之后产生的信心。

我为什么充满信心？这里分享两个数据，践行数字化销售管理一整年之后，流量转化率提升了 100%，客单价增长了 37%。

当外部环境无法改变时，就沉下心修炼内功。逆境中转化率的倍增、客单价的大幅度提升，在很大程度上抵消了外部环境的恶化。哪怕是在这么艰难的市场环境中，我们依然实现了增长。在这个过程中，"魔法指标"起到了非常大的作用。

（1）理解"魔法指标"

"魔法指标"是指能够对业绩结果产生杠杆效应的销售过程指标。按照我的理解，在销售管理中，有的指标是结果指标，如销售业绩、客单价、转化率等；有的指标是过程指标，如联系率、盘活量、拜访量、转客户率、转商机率等。

我们总是说，好的过程会带来好的结果。从指标这个层面来说，就是好的过程指标会带来好的结果指标。其中某些过程指标，在适当的管理手段下，可以在短时间内发生巨大的变化，从而大幅度改善结果指标。

（2）理解客户旅程，分解客户阶段

从销售人员的角度出发，客户旅程可以简单地理解为从线索到成交的过程。一般来说，从线索到成交的过程往往分为三个阶段——获知、方案和成交。获知就是获取知识。客户在做出购买决策前，往往需要经历一个了解产品的阶段。在这个阶段，用户通过收集信息、查阅说明书或直接询问销售人员等方式了解产品。在日常生活中，我们作为客户，买车、买手机、买护肤品时都会自然而然地经历这个阶段。方案就是货比三家。不同的厂商为客户提供不同的解决方案，客户会挑选一个最适合自己的方案。成交就是买卖双方确定协议，约定付费方式和交付方式，达成交易。

企业要结合自身的业务特点，细化客户旅程，将其分解为不同的客户阶段。以我们公司为例，我们把客户旅程分解成线索阶段、试用阶段、需求明确阶段、意向合作阶段、确定合作阶段、成交阶段共六个阶段，每个阶段都有一句话定义、关键指标和建议销售

动作。

例如，线索阶段的一句话定义是"注册账户或留下联系方式"；关键指标是转客户率，即每 100 个线索有多少个转为客户；建议销售动作是与客户取得联系，达成有效沟通。

（3）基于客户阶段构建销售漏斗

图 2-1 是我们公司销售团队 2022 年全年的销售漏斗，大家只要看一眼就明白什么意思了。

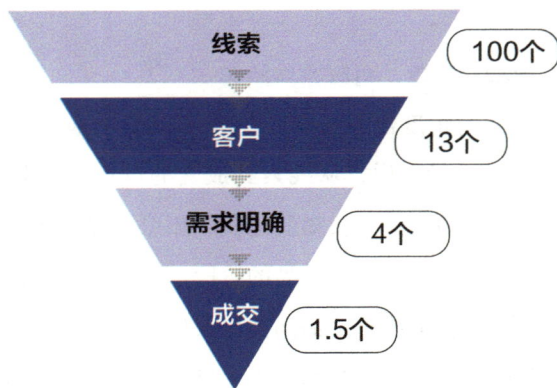

图 2-1　改进前（2022 年）的销售漏斗

每进来 100 个线索，就有 13 个转为客户，4 个需求明确，最后成交了 1.5 个。

请思考一下，这个销售漏斗有没有提升空间？哪个指标能快速改变，成为"魔法指标"？

（4）穿透数据，找到"魔法指标"

理论上，改善销售漏斗里的任意一个指标，都能提升业绩。我们通过数据穿透可以知道哪个指标的潜力巨大。

下面以转客户率这个指标为例进行说明，请看图 2-2。在 2022年的最后一个月，做得最好的销售人员的转客户率达到了 50%，做得最差的只有 10%。这说明转客户率这个指标的提升空间很大，可以作为"魔法指标"。

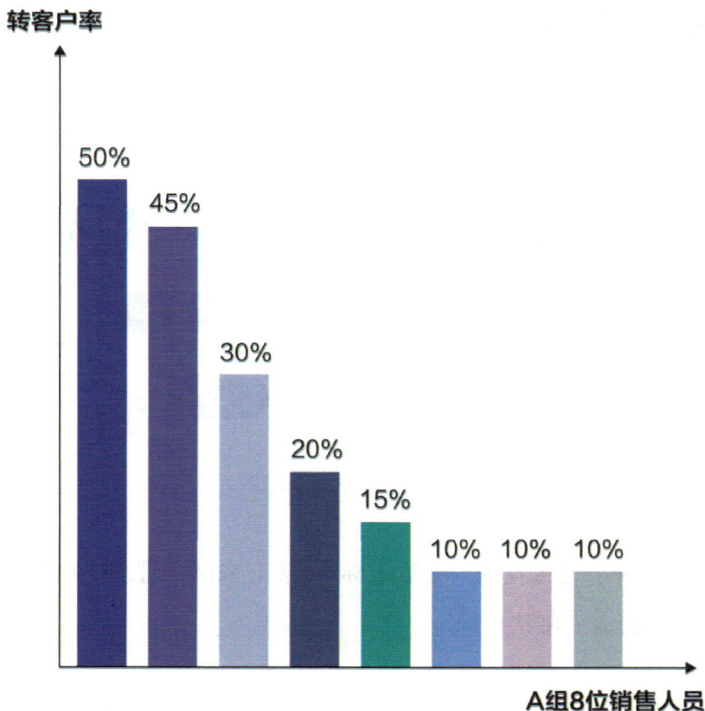

图 2-2 不同销售人员转客户率的对比

（5）为"魔法指标"制定目标，全员冲击目标

找到第一个"魔法指标"后，我们定下目标——转客户率要提升到30%！也就是说，在客单价、转化率基本不变的情况下，仅改变这一个指标，业绩就会翻倍。事实也是这样，2023年1月结束时，转客户率达到了25%，业绩目标达成率是138%，有一半以上的销售人员当月业绩目标达成率达到了200%。

我们可以看一下改进后的销售漏斗（见图2-3），转客户率指标提升为原先的约2倍后，客户数量增加到原先的2倍，成交数量也增加到原先的2倍。

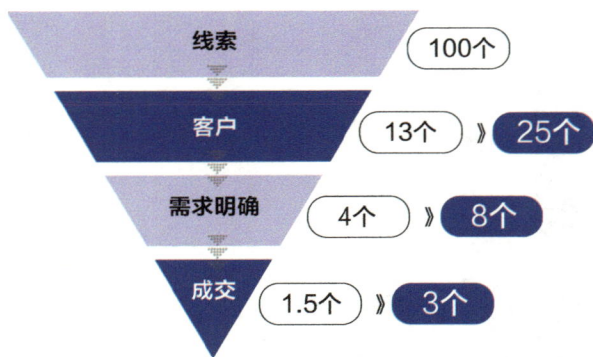

图2-3　改进后的销售漏斗

上面讲了怎么找到"魔法指标"，接下来讲在管理层面如何做才能快速提升"魔法指标"。

（1）管理层执行周检视制度

当我重新接手电话销售团队时，团队上下对我最大的期望就是

培训赋能。我很清楚，早年培训发挥了巨大威力，但并不是短期见效的。一支销售团队业绩快速提升，一定不是因为培训，而是因为执行力提升。短期见效要靠管理手段，而销售团队的管理重点首推执行力。执行力强，才能拿到好的业绩；执行力差，只会把一切都搞砸。在非常多的场合，我不厌其烦地向销售团队管理者阐述执行力的重要性。系统的培训可以提升销售人员的能力，但个体能力的提升是一个缓慢的过程，不能解决短期问题。在短时间内，要想快速打胜仗，必须快速提升执行力。

要想把销售人员个体能力的提升转化为销售团队整体业绩的提升，必须建立一套强有力的制度。员工不会做你说的事情，只会做你检查的事情，这个道理也适用于管理层。因此，企业必须建立一套管理层共同执行的检视制度，自我检查、互相检查。

- 检视业绩目标，包括业绩完成情况、预测目标、各小组完成情况、各小组预测完成情况等。
- 检视核心指标，包括流量、转化率、客单价等。
- 检视培训体系，包括本周培训情况、员工反馈等。
- 检视组织建设，包括落后员工、招聘进度等。

以上四项内容应以周为单位进行检视，并形成纪要存档。

（2）一线管理人员执行日检视制度

我发现一件非常有意思的事情，当我要求销售团队关注转客户率这个指标时，其数值在短时间内猛增到了原先的约 2 倍。原先，每 100 个线索只有 13 个转为客户，上了管理手段之后，短时间内增加到了 25 个。当我要求团队关注重点客户转化率这个指标时，前一个指标开始出现下滑的迹象，按下葫芦浮起瓢。这说明销售团队的一线管理出了问题，于是我们开始推行一线管理人员日检视制度。只有销售团队的一线管理人员日复一日地强力执行这项制度，才能支撑起管理层关注的核心指标。

销售团队一线管理人员的日常检视，更加关注日常工作的执行结果。我建议他们围绕客户旅程每日检视以下内容：

- 线索的有效联系率；
- 转客户率；
- 重点客户转化率；
- 在库客户分层盘点。

举个例子，A 小组有 8 位销售人员，今天新增 100 个线索。小组长必须检查是否已经联系上了其中的 80 个，是否已经将其中的 25 个转为客户；整个小组的重点客户本月转化率是否达到了 50%；在库的客户分层是否处于安全阈值，能否支撑小组达成本月的业绩目标。这样的日检视必须穿透到小组的每一位销售人员。

（3）对齐标杆、复制销冠，快速提升数据指标

检视的数据出现异常怎么办？这就要用到"对齐标杆，复制销冠"这套具体的方法论。举个例子，线索的有效联系率这个指标出了问题，最差的销售人员只能达到 10%，最好的销售人员能达到 70%，整体只能达到 30%，该怎么办？

这个问题解决起来很简单。我们可以设计一个场景：一个小组

有 8 位销售人员，有人线索的有效联系率能达到 70%，有人只能达到 10%。

早上开晨会时，先亮出排名榜，然后让表现最好的销售人员讲一讲怎么才能联系上客户，让表现最差的销售人员讲一讲遇到了哪些困难，接着让大家各抒己见，最后大家各自开始一天的工作。晚上开夕会时，依然先亮出排名榜，然后让表现最好和表现最差的销售人员做分享。如此进行一周的时间，整个小组跟进客户的方法及线索的有效联系率基本就跟销冠对齐了。这套方法可以总结为 10 个字——找标杆、找方法、组内对比。

我们公司的销售团队实践这套方法时，实际发生的情况是线索的有效联系率从 30% 一下子涨到了 80%，超过了预期的 70%。

10 像销冠一样盘点客户池

就算销售人员具备数字化思维、转化能力极强，但如果盘点不清楚自己的客户池，就像农民不清楚自己有多少地、多少种子，将军不知道自己有多少士兵一样，最终一定会落入巧妇难为无米之炊的窘境。

销售人员总是希望自己手上的客户越多越好。如果觉得自己手上的客户不够多，就很容易陷入客户量焦虑。但实际上，并不是手上的客户越多越好，而是手上的优质客户越多越好。就算客户数量多，但如果找不到重点，你也跟进不过来，最终一个也成交不了，全都浪费了。

说到这里，我必须提出一个问题：销售人员到底应该把客户当成资产还是资料？

打个比方，我们拿到一笔钱，如果把它看成存折上的一个数字，就只会把它放在那里。但是，如果我们把它当作一笔资产，就会拿去理财。同样的道理，如果我们把客户的名字、电话号码当作资料，就只会把它们写在纸上、存储在 Excel 表格里面，一存了之，想起来再说。但是，如果我们把客户当作资产，就需要做相应的运营工作，就会很自然地关注客户的价值。

有一个概念叫客户终身价值，是指客户从第一次购买到最后一次购买给企业所创造的所有价值。作为销售人员，我们不仅要关心客户的首次购买，还要关心客户的复购，我们都要关心客户的全生命周期。

围绕客户池，销售人员可以从以下四个角度进行系统的盘点，多维度、多视角地分析自己手上的客户。

（1）盘点客户的数量、来源、转化率和盘活量

客户数量永远都是最直观的数字指标之一。当销售人员之间进行工作沟通时，很自然地就会交流今天有多少个新增客户。当销售人员陷入业绩焦虑时，首先反思的也是手上的客户够不够。

首先，我们要盘点客户的存量，库里的客户共有多少个，重点客户有多少个，短期能推动的客户有多少个；其次，我们要盘点客户的增量，每天、每周、每月新增的客户数量；最后，我们要盘点跟进量，每天能盘活多少个客户，能有效盘活多少个客户，有多少

客户长期"躺着不动"。

根据客户数量、客户来源和转化率，我们可以整理出一张以"来源""数量""转化率"这三个字段为核心的表格。从存量的角度，我们可以轻松盘点出库里现存客户的数量、来源、综合转化率，存量客户可以贡献的业绩一目了然。从增量的角度，也是一样，把当月的增量数据、转化率填入表格，就可以预估出增量客户对当月业绩的贡献。

（2）盘点成交客户画像，勾画"成交脸"

不用心的销售人员永远都没有办法成长为销冠。作为新人，有点"脸盲"，一下子难以一眼分辨出哪些客户大概率能成交，哪些客户大概率会流失，还情有可原。但是，作为销售老手，如果还"脸盲"，就真的是不用心了。

人类区别于动物最根本的能力，就是觉察能力。在零售行业的场景里，很多有经验的营业员只需要看一眼就能知道某个客户能不能成交，就好像心里有一张看不见的"成交脸"，遇到客户后比对一下，就能八九不离十。

当我们盘点客户时，一定要用心盘点成交客户画像，勾画自己所处行业或领域的"成交脸"。

以我们公司的销售团队为例，我提出了"成交五要素"，即通过分析客户的 5 个关键要素，就能判断一个客户是否符合成交客户画像。我们卖的是 CRM 软件，所以我们要分析客户的行业、销售团队规模、客户数量、销售模式和业务流程这 5 个关键要素。例如，当客户的销售团队超过 10 人时，上一套 CRM 系统几乎就是刚需，只要发现这个关键要素，就约等于看到一张"成交脸"。

聊到这里，我想提出两个问题：你系统地分析过成交客户画像吗？如果要勾勒一张属于你的成交客户画像，你会用哪几个关键要素进行描述？

（3）盘点客户分层，重点客户重点跟进

我们先分析客户分层的必要性，再介绍客户分层的原则。

客户必须分层，原因有二。

第一，对销售人员来说，销售工作的本质是拿时间换成交。任何一个人的时间都是有限的，提高销售效率的本质就是提高时间利用率。重点客户重点跟进，非重点客户撒网式跟进，这是一条非常重要的跟进原则，而落实这条原则必须依赖准确的客户分层。

第二，销售工作是一个追求概率的工作，选择比努力更重要。作为成年人，我们总是要选择有较高概率成功的事情去做。如果一个客户可能只能签一个小单，而另一个客户大概率能签一个大单，我想任何一位销售人员都知道该怎么分配自己的精力，而这种选择也必须依赖精准的客户分层。

接下来讲客户分层的原则。

原则一：严格遵守成交客户画像。

销售工作在很多时候随机性比较大，确实有很多人做一些比较随性的客户分层也能成交，但其后果往往是业绩波动比较大，过山车式的业绩曲线会给销售人员带来巨大的心理负担。因此，做客户分层时要严格遵守成交客户画像，必要时先调整成交客户画像再做客户分层。

原则二：主观意愿大于客观条件。

当我们勾画成交客户画像时，往往会因为过于重视客观条件而忽视客户的主观意愿。其实，在很多时候，主观意愿的作用远远大于客观条件。因此，无论勾画成交客户画像还是做客户分层，都要充分考虑客户的主观意愿。

以 CRM 软件销售为例，很多企业就眼下的情况来说，上一套数字化系统的客观条件并不好，如员工的文化水平不高、企业的管理能力不足等。但是，如果企业领导的数字化意识强、主观能动性强，成交的可能性依然很高，这类客户就应该被划分为重点客户。

原则三：宁缺毋滥。

没有重点客户的时候，不要硬把一些达不到标准的客户放到重点客户列表里，这样做只会让你的工作重心出现偏差，自欺欺人的后果就是业绩惨淡。

客户分层的数据不好看，我们应该接受并马上开始改变。假设客户分为 A、B、C 三类，A 类是重点客户，B 类是潜在客户，C 类是陌生客户。现状是 A 类客户很少，甚至为零。此时不用太焦虑，人生是一场马拉松，销售工作则是长跑。不要硬把 B 类客户划分为 A 类客户，而要接受当下的客户分层，把工作重心放到 B 类、C 类客户的开发上。

（4）盘点客户阶段，构建销售漏斗

销售漏斗是跟商机管理和销售预测一起使用的。不过，本土企业特别是中小企业，往往很少用商机管理这套相对复杂的销售管理方法论。因此，我们可以把商机的阶段管理套用到客户上，创造客

户阶段管理这个更简单实用的销售过程管理方法论。客户阶段在盘点客户时是一项利器。

下面介绍使用客户阶段时需要避免的几个错误。

错误一：客户阶段等于客户分层。客户分层是围绕成交客户画像，根据重要程度对客户进行划分，主要用于指导销售人员合理地分配时间和精力。客户阶段是围绕客户旅程，对客户的成交过程进行划分，主要用于定义成交的进程，指导销售人员对某个客户做出正确的销售动作。

错误二：一个客户可以划分到多个阶段。在定义客户阶段的时候，一定要严格界定各个阶段的特征，不能出现一个客户划分到多个阶段都解释得通的现象。

错误三：客户阶段与建议销售动作错配。例如，针对确定合作阶段的建议销售动作是"提交报价方案"，这就是典型的客户阶段与建议销售动作的错配。

当我们科学地盘点完客户阶段，把每个客户都按阶段划分好时，就能整理出自己的销售漏斗，真正做到"库里有粮，心中不慌"。

11 提高盘活量和有效盘活量

我在销售团队建设早期就体验过提高盘活量的威力，仅仅提高盘活量这一个指标，就让销售团队的业绩实现了 50% 以上的增长。

从我个人的实战经历来看，销售团队建设早期其实有非常多的指标"洼地"，这些都是潜在的"魔法指标"。我们通过填平指标"洼地"，可以快速提高销售团队的整体业绩。

2018 年年初，有一位销售新人以黑马的姿态，连续 4 个月蝉联销冠。出现这样的黑马级销冠，真的是创业者的幸运。在从 0 到 1 建设一支销售团队的过程中，最怕的就是万马齐喑。当排头兵出现的时候，就是团队有了新的突破方向的时候。

把销冠的数据摊开来看，盘活量这个指标特别醒目。当时，销售团队平均盘活量只有 40 个，而销冠的盘活量达到了夸张的 130 个。再穿透下去看个人明细数据，除了销冠，表现最差的销售人员一天只能盘活 20 多个客户，表现最好的也只有 70 个。我当机立断，决定把盘活量作为销售团队的"魔法指标"。

考虑到团队成员的水平有高有低，我设计了两档目标，盘活量低于平均水平的销售人员的目标是每天 50 个，盘活量高于平均水平的销售人员的目标是每天 75 个。两周之后，几乎所有的销售人员都达成了目标，销售团队的平均盘活量达到了每天 65 个。两个月之后，我惊喜地发现，销售团队月销售额的涨幅超过了 50%。

盘活量就是每天跟进的客户数量。前面提到销售是长在数字上的一份工作，讲到这里，我要补充一点，销售也是长在概率上的一份工作。假如你和同事每个月的流量都是 100 个，但你积极地盘活客户，比同事更加频繁地联系每个客户，最终你的转化率就是会比同事高。在销售行业有一种说法是"1 次成交需要 11 次跟进"，因此，盘活量是销售人员必须关注的核心指标。

盘活量主要取决于两个关键因素，一是勤奋度，二是跟进技巧。

曾经在互联网上掀起惊涛骇浪的"996大探讨",已经让很多企业家和创业者不再敢公开要求团队拼搏奋斗。我认为,对"奋斗文化"的厌恶实际上是一种对负面情绪的宣泄,因为有太多的人奋斗了、努力了却拿不到好的结果。但是,我个人坚信勤奋的必要性。

我是两个孩子的父亲,我绝不会对我的孩子说"不要努力了,'躺平'吧"。我鼓励我的孩子勤奋学习,当他们遇到低谷时,我会想办法帮助他们走出低谷,当他们遇到瓶颈时,我会想办法帮助他们突破瓶颈。创业十多年来,我没有一天不是紧绷的状态。但是,即便让我重新选择,我依然会选择持续奋斗的活法。

勤奋是优秀销售人员最重要的特质。正常情况下,不勤奋却能把业绩做好的销售人员几乎不存在。销售是非常辛苦的工作,网上有人说销售岗位是二本以下毕业生除了考公考研以外最大的出路。做销售工作的人切不可被某些负面情绪带偏,既然已经选择了非常辛苦的销售工作,就要通过奋斗闯出自己的一片天地。

但是,仅仅靠勤奋是不够的,还要有正确的方法,才能把盘活量做高。对重点客户要重点跟进,对不同阶段的客户要有不同的跟进策略,对不同分层的客户要有不同的跟进方式。

对于新客户,我们要及时回复微信和电话咨询,提供详细的产品信息和使用教程,帮助他们尽快熟悉我们的产品;对于活跃客户,我们要定期与他们联系,了解他们的需求和反馈,及时调整我们的产品和服务;对于潜在客户,我们要积极地与他们沟通,了解他们的需求和偏好,为他们推荐合适的产品和服务。

对A类的重点客户,我们要采取更加积极的措施,例如,请求公司提供更多的资源支持自己的工作,提供更高级别的产品和服务；对于 B 类的需开发客户，我们要采取一些措施吸引他们的注意，了解他们的兴趣，深度挖掘他们的需求，根据这些信息制定销售策略和计划；对于 C 类的培育期客户，我们要做好培育工作，定期做客户关怀和销售跟进，增强他们的信任，积极地将他们转化为 B 类、A 类客户。

销售团队的管理者要设计理想的跟进模式及数字化的打分手段，帮助真正努力的销售人员沉淀高效的盘活方法，取得他们应得的业绩。

（1）确定合理的跟进频次。假如 1 次成交需要 11 次跟进，成交周期是 15 天，什么样的跟进频次才是合理的呢？这是必须事先思考并确定的事情。

（2）设计理想的跟进模式。确定跟进频次之后，要为每一次跟进设计一个理想的跟进模式，涵盖跟进方式、跟进目的、必做动作、必问问题等方面。销售人员每次跟进客户都要运用这个模式。

（3）过程分析和打分。确定合理的跟进频次并设计出理想的跟进模式之后，还要为每次跟进打分，根据打分情况不断优化跟进模式，经过一段时间的迭代，这个跟进模式就会慢慢成为销售人员的工作习惯。

销售人员只关注盘活量，也会带来一些潜在的问题。

（1）跟进的质量不高。如果销售人员只关注盘活量，就可能会进行快速而肤浅的跟进，没有时间深入了解客户的需求和痛点，这会造成跟进的质量不高。

（2）客户体验不佳。过度的跟进可能会打扰客户，导致他们对企业或产品产生负面的看法。

（3）预测不准确。将盘活量作为核心考核指标可能会导致销售额预测不准确，因为盘活量并不总是与销售额成正比。

（4）错过更好的销售机会。如果销售人员花费太多的时间进行大量的低效跟进，只为了达成每天的盘活量目标，他们就很可能会错过更好的销售机会。

有效盘活量是在盘活量的基础上进一步的要求。不是每一次跟进都能达成有效沟通，只有达成有效沟通的跟进才叫有效盘活。

如何判定跟进是否有效呢？我们可以从以下几个方面进行评估，只要满足其中一项或多项，就可以判定为跟进有效。

（1）达成了预定目标。每一次跟进都应该有一个明确的目标，如获取更多的信息、安排一次会议、推动销售决策进程等。如果实现了这个目标，这次跟进就是有效的。

（2）产生了互动。有效的跟进可以引发客户的反馈或互动，如回复电子邮件、接受会议邀请或提出问题等。

（3）增加了销售机会。如果跟进活动增加了成交的可能性或使销售进程更加顺利，这次跟进就是有效的。

（4）获得了有价值的信息。如果通过跟进获得了有关客户需求、预算或决策流程的更多信息，就能更好地调整销售策略。

（5）加深了关系。如果通过跟进增强了与客户的关系，使他们感到更受重视或更加信任自己，这次跟进就是有效的。

有效盘活量可以反映销售人员的销售转化能力。从广撒网的角度来说，企业应该鼓励销售人员尽可能多地盘活客户，哪怕是发条消息、留个言都算一次盘活。但是，从精耕耘的角度来说，企业应该鼓励销售人员达成更多的有效盘活。

假如你无法与之前盘活的客户深入交流，那么转化率一定是比较低的。无法与客户深入交流的原因可能是你没有在第一时间传递价值并得到客户的信任。假如你给客户打了一通电话，第二次怎么都没有办法打通，那么第一通电话大概率是不达标的。假如你第一次拜访客户时与其互加为微信好友，但后来始终没有办法联系上客户，那么第一次拜访就是不达标的。假如你的盘活量比较低，达成有效沟通的客户自然就少，有效盘活量就低。

那么，如何提高有效盘活量呢？沟通之前做好准备非常重要，准备的内容主要如下。

（1）产品的价值。产品价值能否用一句话说清楚？产品的适用场景和功能能否说清楚？

（2）常见的异议。能否用一两句话消除常见的异议？对于常见的异议，是否有话术库，是否有标准回答模板？

（3）清单。用清单列出要跟客户沟通哪些问题、拿到哪些结果；列出用于筛选客户的典型问题，以便精准筛选出重点客户。

（4）话术。和同事做角色扮演游戏，演练话术，学会从他人的角度、从客户的角度洞察核心需求。

12 数据模型驱动增长

在前文中我介绍过自己的职业背景，其实我在大学本科和硕士阶段读的都是软件工程专业。从 18 岁进入大学到现在 38 岁，我已经在软件领域浸润了近 20 年的时间。

在程序员的世界里，有一种非常重要的编程思想叫面向对象编程，万物皆为对象。其具体含义是对客观世界做高度的抽象，将可见和不可见的世间万物都当作可以分析、研究的对象。对于任何一个对象，我们都可以研究它的属性、特征，以及各个对象之间的关系。我们对一套自然运行的系统进行高度抽象之后，可以建立一套用程序语言描述的模型，进而开发出一套可以运行的程序。

对程序员来说，另外一种非常重要的思维模式叫工程思维，就是把复杂的事物拆分成一个个易于操作的简单模块，然后逐一攻破。当一套高度还原真实世界的程序开始运行时，程序员往往可以通过模型调优提高该系统的运行效率。例如，我们生活中常见的打车系统、订餐系统，工作中常见的审批系统、财务系统，都是在这种思维框架下开发出来的，然后被不断优化以提升效率。

那么，我们是否也可以把销售团队管理视为一套自然运行的程序，是否也可以运用面向对象编程思想高度抽象销售过程管理，构建一套销售数据模型，然后通过局部调优提高整个销售系统的运行效率呢？

下面通过三个步骤对销售数据进行建模。

（1）基于 9 大数据指标与销售额的相关性，围绕销售额构建数据模型

一切分析均以提高销售额为目标。我们把 9 大数据指标放到一起（见图 2-4），可以看到有 4 个数据指标与销售额直接相关，另外 5 个数据指标与销售额间接相关。其中，客户分层、客户阶段和客

户流失率是对流量的进一步分析，盘活量和有效盘活量是对转化率的进一步分析。

图 2-4　9 大数据指标与销售额的关系

当某个月的销售额发生波动时，我们可以先分析 4 个直接相关的数据指标是否有异常。例如，某家主营 SaaS 软件的公司当月销售额下降了 20%，销售总监要先分析流量、转化率、客单价和转化周期这 4 个数据指标是否有异常。通过分析，他很快发现，转化率、客单价和转化周期都没有太大的波动，但有效线索量下降了 20%。

然后，他进一步分析与流量相关的间接指标。通过进一步分析客户流失率，他发现线索流失率上升很快，大量的线索在筛选阶段就被归为无效了，而流失的原因主要是需求不满足。于是，问题的根源很快被锁定，原来是当月调整了投放的关键词，进来了一大批需求与目标用户画像不匹配的线索。

赢单不足是为什么？成交不了是为什么？业绩不好是为什么？这些问题往往都是销售过程中最重要也是最常见的问题。当我们心里有一套销售数据模型时，就可以通过分析指标一步步排查，一项项排除，直到找到赢单不足、成交不了的原因。

首先要排查是不是成交周期的问题，如果产品正常的成交周期是半年，销售人员才跟进了3个月，自然成交不了。

其次要排查流量的数量和质量是否达标。销售是特别需要资源的一个岗位，巧妇难为无米之炊。客户分层准确吗？各个阶段的客户数量充足吗？大量的线索是不是流失了？这些问题都可以很好地帮助我们分析流量是否有异常。

最后要排查转化率是否太低。如果转化率太低，就要进一步分析是盘活量的问题还是有效盘活量的问题。如何分析这两个问题已经在前文详细阐述过了，此处不再赘述。

（2）从时间的维度构建数据模型

通过分析数据指标的同比和环比情况，可以看出数据指标的周期性波动和趋势。以流量分析为例，全年的流量变化曲线可以按需细化到季度、月度、周甚至天（见图2-5）。通过全年的流量变化曲线，可以分析出旺季和淡季、波峰和波谷。再结合历年的折线图，就能对全年的流量变化趋势做出整体判断。

单位：个

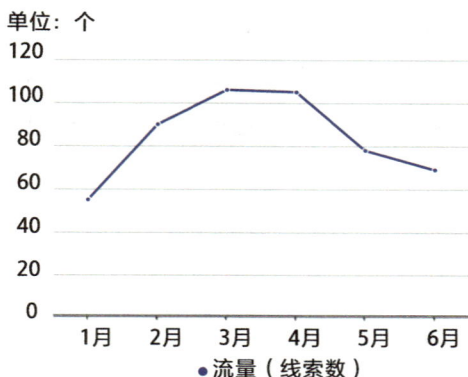

图 2-5　流量随时间的变化情况

　　我们可以按年度、季度或月度分析流量与销售额之间的关系。一般来说，大部分业务的销售额与流量都是息息相关的，但也有一些业务的客源是固定的，复购才是关键，一年做少量的超大金额订单即可。通过曲线图，我们可以很清晰地看出销售额与流量之间的关系（见图 2-6）。

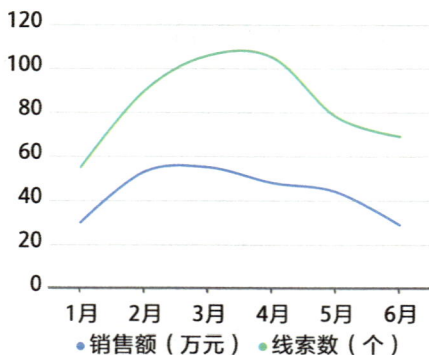

图 2-6　流量和销售额的变化情况

　　流量的来源往往不是单一的，分析不同来源的流量在时间维度上的变化，对把握整体的流量趋势是非常重要的（见图2-7）。结合市场投入分析，我们就可以做出把预算向哪个渠道倾斜的决策。

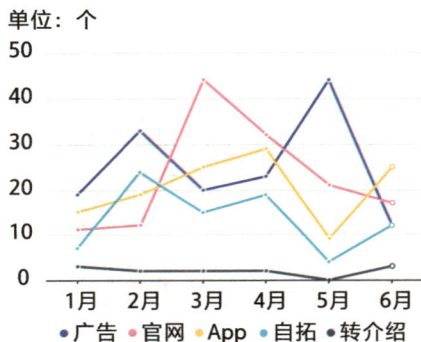

单位：个

图2-7　不同来源流量随时间的变化情况

　　分析完流量的数量，还要进一步分析流量的质量。ROI年度折线图可以让我们对流量的整体质量有一个基本认识（见图2-8）。通过对比历年ROI变化曲线，我们可以对流量的整体质量做出判断，并对销售团队的转化能力做出整体判断。

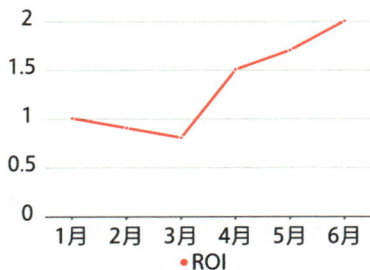

图2-8　ROI随时间的变化情况

从 ROI 的角度出发，我们应该进一步分析不同来源的流量的 ROI 年度曲线，这有助于我们更全面地把握流量的整体质量，也能让我们对不同来源流量的质量有一个整体把握（见图 2-9 ）。

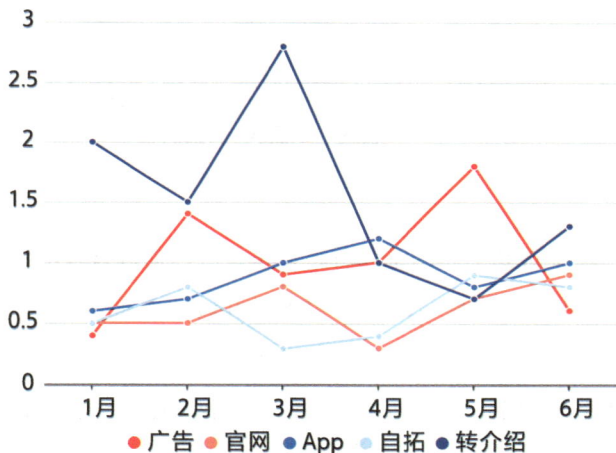

图 2-9　不同来源流量 ROI 随时间的变化情况

（3）从团队和个人的维度构建数据模型

对销售过程数据的分析，最终都要穿透到团队和个体的维度，形成组间对比和组内对比。以转化率为例，管理者肯定希望通过管理手段提高转化率，因此就要关注在外部条件相同的情况下不同团队的转化率情况。柱状图可以直观地反映不同团队的转化率，以及高值与低值的差距，帮助管理者找到突破口（见图 2-10 ）。

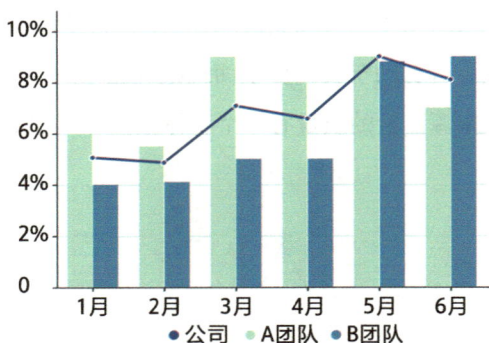

图 2-10　不同团队转化率的对比

　　进一步穿透到个体的维度看转化率，可以促进管理的细化（见图 2-11）。找到转化率最高的销售人员和转化率最低的销售人员，然后计算转化率的差值，就能发现进步的空间有多大；然后通过管理手段提升转化率，就能实现业绩倍增。我自己的经验是，最高转化率往往是最低转化率的 10 倍以上。

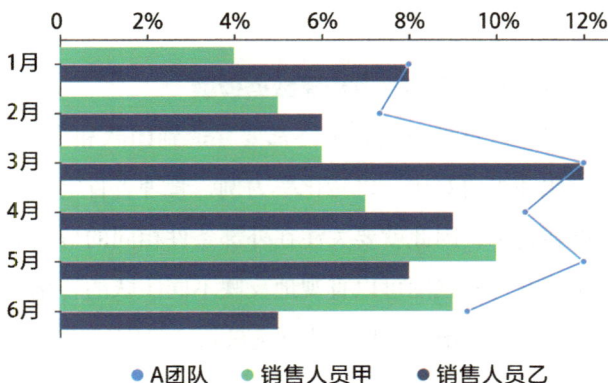

图 2-11　不同销售人员转化率的对比

　　这里需要注意的是，不能仅仅停留在数据的表面，而要进一步穿透数据，找出优秀团队或个体成功背后的关键因素。关键因素是更加精细的客户分层还是更加到位的跟进？只要找到这些关键因素，其他团队或个体就有了明确的改进方向。

　　分析数据的最终目的是改善核心指标。我们需要进一步分析不同来源的流量在不同团队中的表现，寻找提高转化率的突破口（见图 2-12）。

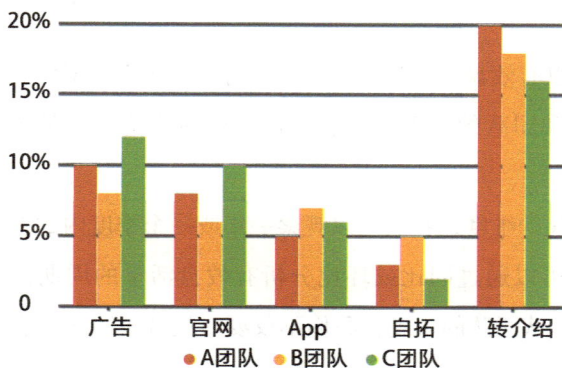

图 2-12　各团队不同来源流量转化率的对比

　　不同的个体可能擅长转化不同来源的流量，因此转化率的波动往往更大。我们可以分析不同销售人员对不同来源的流量的转化率，找到不同来源流量的转化高手，将其树立为团队标杆（见图 2-13）。

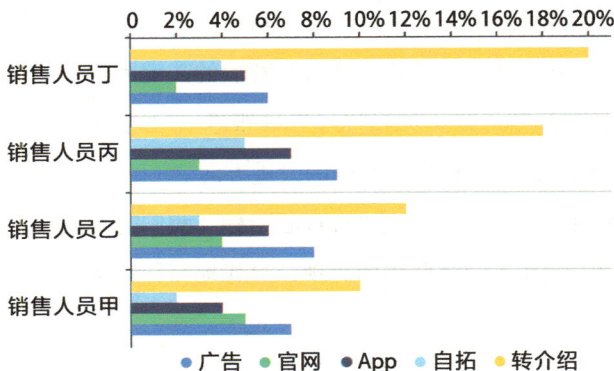

图2-13　各销售人员不同来源流量转化率的对比

下面以有效盘活量为例，说明如何综合运用数据模型。我们分别从时间和团队的维度分析有效盘活量的波动、周期性规律和相关性。

从时间的维度，我们可以观察一年或一个季度内的有效盘活量波动，也可以通过同比或环比分析有效盘活量的周期性变化（见图2-14）；从团队的维度，我们不仅要对比各个团队的有效盘活量（见图2-15），还要穿透下去，对比每一位销售人员的有效盘活量（见图2-16）。

在时间维度上，主要关注有效盘活量是增长还是下降、是否有异常，日常的管理措施对增长是否有促进作用；在团队和个体的维度上，主要关注优秀团队或个体与落后团队或个体在有效盘活量上的差距，找出不足之处，尽力弥补差距。

单位：个

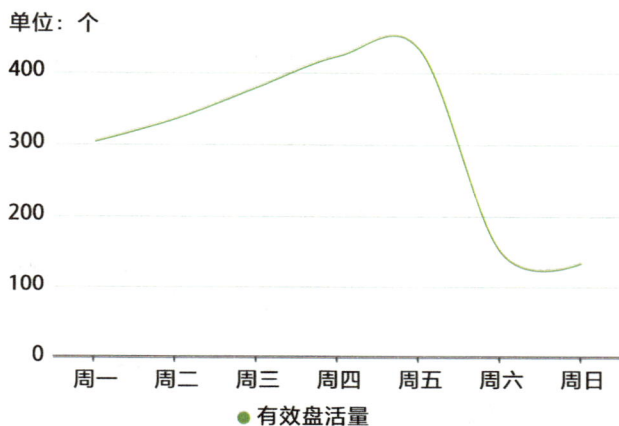

图 2-14 有效盘活量随时间的变化情况

单位：个

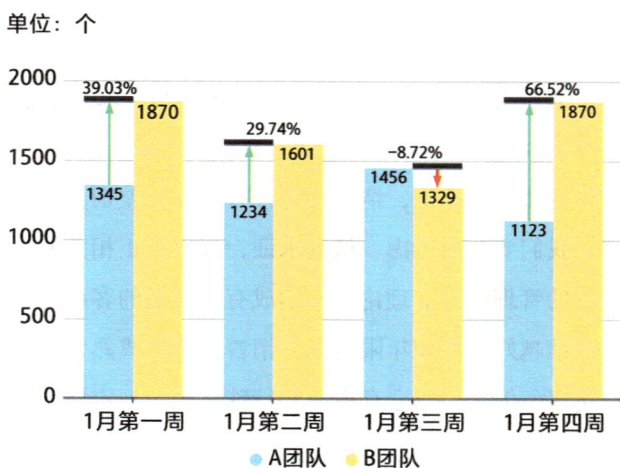

图 2-15 不同团队有效盘活量的对比

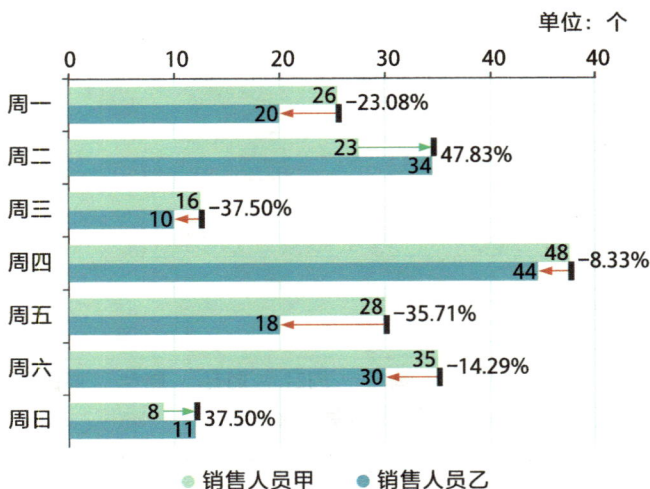

图 2-16　各销售人员有效盘活量的对比

　　我们还要从相关性的角度对有效盘活量进行分析，看销售额与有效盘活量有没有关联（见图 2-17），转化率与有效盘活量有没有关联（见图 2-18），司龄与有效盘活量有没有关联（见图 2-19）。

　　在不同的业务形态下，情况可能会有很大的差别。在实际的管理过程中，我们要全面考虑、认真求证，找出真正相关的因素，然后制定合理的管理措施。理论上，达成有效沟通的客户越多，转化率越高，业绩越好；在职年限越久，销售技能越成熟，达成有效沟通的客户越多。但是，总会存在一些特殊情况，一定要结合自己团队的实际情况，实事求是地分析。

单位：个

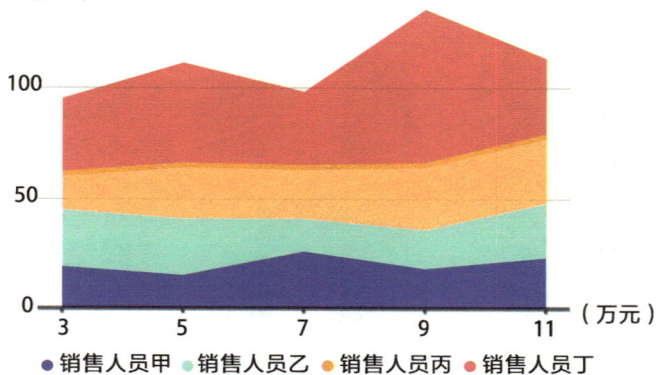

图 2-17　有效盘活量与销售额的关系

单位：个

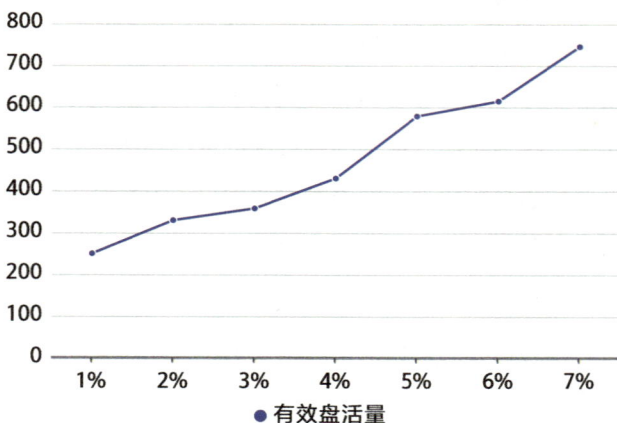

图 2-18　有效盘活量与转化率的关系

单位：个

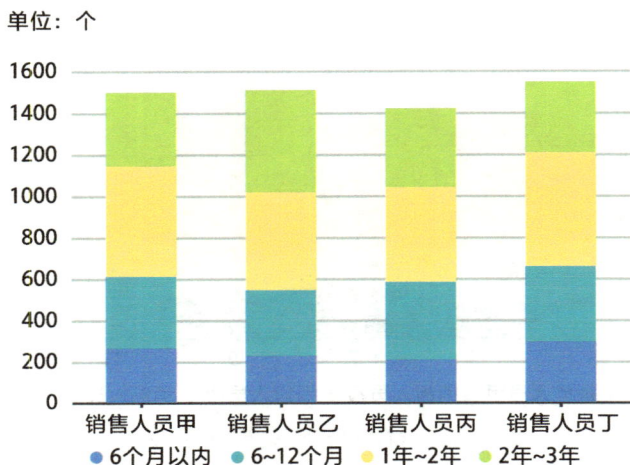

图 2-19 有效盘活量与司龄的关系

在不同的业务形态下，销售团队关注的核心指标是不一样的，甚至同一支销售团队在不同阶段关注的指标也是不一样的。

在企业服务领域，很多 SaaS 软件公司在创业早期往往会重点关注转化率，特别希望有更多的客户认可自己的产品，因此早期的数据模型的核心是转化率。随着时间的推移，大量对价格敏感的小微企业给售后服务带来了巨大的压力，这些公司会特别希望能签下更多优质的中大型客户，客单价就成了关键指标。因此，这些公司会在以转化率为核心的数据模型的基础上，构建一套以客单价为核心的数据模型。

不管是以转化率为核心的数据模型还是以客单价为核心的数据模型，其背后的建模思路都是一致的：围绕九大核心数据指标，一切模型以销售额为核心，分析的目的是提高销售额；在时间的维度上进行对比，在团队和个体的维度上进行对比。通过层层递进的数据穿透和不同角度的数据对比，进行局部调优，从而提高整个销售团队的效率。

限于篇幅，本书对数据模型的介绍到此为止。如果大家希望了解更多的细节，欢迎大家与我联系。

13 复制销冠和销冠团队

拥有一支销冠团队，一支能打胜仗、真正赚到钱的销售铁军，是几乎所有企业梦寐以求的事情。不过，打造这样一支团队其实是非常困难的。多年的创业经历告诉我，企业内部的任何一个组织都不是以天或月为单位建设的，在大部分情况下都要以半年为周期，通过一次又一次的迭代优化，才能打造出优秀的团队。销售团队的建设更是如此。

不同销售团队之间的竞争，本质上是效率的竞争。

我们都知道数字化有助于提高效率，下面就从几个不同的角度来分析如何利用数字化构建、复制销冠团队。

1. 如何让一线销售人员快速成长

对很多企业来说，招销售人员并不困难，难就难在招到销售人员后怎么用好他们。现在的很多企业在招到销售人员后，先给他们一套资料、一堆话术，然后给他们几个客户，让他们自己摸索。这种只撒种子、不给阳光雨露的管理方式已经不合时宜了。在目前的市场条件下，很多红利已经成为过去式，互联网行业也面临"供给侧改革"。当生产原料变贵、人力变贵、流量变贵时，精耕细作就显得尤为重要了。

为了实现精耕细作，我们要站在一线销售人员的角度看看他们到底需要什么。

（1）完整的工具

假如新来的销售人员原来是做房地产销售的，他原先接电话的习惯是电话一接通就说"××小区有一套价格是××万元的房子，您要不要考虑一下"，他可能需要打 300 通电话才能约到一两个客户看房。如果公司的产品是需要销售人员具备非常强的顾问能力、非常强的方案制定能力才能卖出去的产品，新来的销售人员依旧按照老习惯打电话，那么即使他非常勤奋，也很可能始终都无法成交。

销售人员进入一家公司后最糟糕的事情之一是水土不服，也就是带着原来的销售方法论甚至根本没有销售方法论，就去销售新的产品。这时应该怎么办？我觉得，公司需要为他们提供一套完整的工具，他们一打开就知道应该怎么开展销售工作的工具。

例如，销售人员一打开系统就可以看到客户数据，包括今日新增了多少客户，今天跟进了多少客户，今天有多少客户等待跟进，有多少客户已经 3 天没有跟进了；同时可以看到转化数据，一个图形化展示的销售漏斗上面写着阶段一的客户有多少个、阶段二的客户有多少个、阶段三的客户有多少个，系统提示应该给阶段一的客户发条消息或打个电话，应该给阶段三的客户发送解决方案，核实客户的真正需求，以合同的方式成交，等等。

（2）排名榜和奖惩制度

排名榜的形式多种多样，如团队排名榜、小组排名榜、个人排名榜等。通过排名榜，每个人都可以知道自己在团队中的位置。

排名榜非常直观，做得好就排在前面，做得不好就排在后面，一目了然。排名榜就像一座桥，桥这边和桥那边的路已经铺好了，销售人员只需要关注应该关注的指标，关注建桥的过程，就能把客户谈下来，并且不会有方向性的错误。这正是我们常常说的，选择比努力更重要。方向错了，越努力越吃亏。

（3）话术集

对销售人员来说，最基础的能力是会听、会说。当一位销售新人进入一家公司时，他最大的困难就是不知道该怎么听，也不知道该怎么说。

针对这种情况，CRM 软件可以提供解决办法。例如，在系统里提供优秀通话录音，销售新人可以自己去听，然后模仿实践。

（4）优秀案例集

好的数字化工具能够帮助销售新人度过最艰难的摸索期，帮助他们建立信心。

例如，CRM 系统里面的模板中心应该提供公司经过几年时间积累的优秀案例，销售人员可以将这些案例一键发给客户。客户可以免登录体验这些案例，以判断产品是不是自己需要的。此外，产品 PPT、行业白皮书等都是应该提供给一线销售人员的"子弹"。

因此，从一线销售人员的实际需求出发，公司要从三个方面帮助他们：一是提供一套好的工具、一套好的销售方法论，让他们能够按照既定流程跟进客户；二是提供话术集或优秀通话录音，让他们学习有效的话术，具备会听、会说的基础能力；三是提供优秀案例集，让他们能够拿来就用，快速解决实际问题。

2. 管理层如何赋能一线销售人员

销售团队的管理者要关注绩效、招聘及销售过程、数据指标、业绩目标等纷繁复杂的事情。不过，要想复制一支销冠团队，我认为最需要关注的事情就是培训。

如果销售团队有一套非常出色的培训体系，就为复制销冠团队打下了非常好的基础。很多公司对销售人员的培训往往以"老带新"为主，但这种方式可能并不适用于所有公司、所有销售人员，因为每一位销售人员的销售风格都是不一样的。

假设有一位销售人员 A，他的能力非常突出，每个月的业绩遥遥领先。他的特点是能够快速跟客户建立关系，几分钟的电话一打，客户就对他产生了较强的信任感。在日常沟通中，他会跟客户聊聊社会热点、行业趋势、家长里短等，尽可能拉近自己与客户之间的距离。客户很快就会成交，甚至帮忙转介绍。他越做越轻松，业绩也越来越好。

后来，公司来了一位新同事 B，他是公司花了很大代价去其他公司挖来的十分优秀的销售人员。公司安排最优秀的师傅 A 带他，按道理应该十拿九稳，但问题出现了，B 擅长顾问式销售，不擅长与客户建立关系。B 擅长在最短的时间内挖掘出客户的需求，然后提供最专业的解决方案。虽然 A 十分优秀，但 B 很难学会 A 的销售风格，也很难在短时间内改变自己的性格和行为方式。因此，强行安排 A 去带 B，既不能帮助 B 成长，还有可能摧毁他对自己的信心。

根据我的经验，销售人员的培养培训体系过度依赖人，一定会得到不可靠的结果。为了避免这种情况，建设销售团队培训体系时一定要关注可量化、可评估、可预测。

（1）可量化

第 1 部分中的 "销冠六大底层能力之会要结果" 一节中讲过小 Y 的故事，当时我们设计了一张表格，我让他记录每通电话达成目标的情况，仅仅两周，他的销售业绩就上来了。这是一件让我非常意外的事情，也给了我非常大的信心。

销售团队培训体系建设可能并没有那么困难，但很多管理者没有运用科学的方法将过程量化，只是简单地给销售人员一堆话术、一堆案例，而这些东西的价值都不大。真正有价值的是将具体的行为量化，然后让销售人员在一遍又一遍的实践中检查改进，找到正确的方向。

（2）可评估

做完日常培训后，销售人员可能 3 天后只记得 30%，7 天后只记得 5%，14 天后就什么都不记得了。这是一种常态，是符合人性的。怎么解决这个问题呢？必须建立一套好的评估体系，而且要遵循 PDCA 原则。培训体系要实现数字化，就像考试系统一样，能够验证销售人员的学习效果。

如果连销售人员都不了解产品，连售后服务人员都不会使用产品，连新功能、新特性都展示不了，怎么为客户提供更好的服务呢？

以我们公司为例，每次产品有了大的迭代，产品经理和销售团队都要参加培训，培训结束后参加考试，试卷上面有 100 道题。公司对销售人员的要求是，考试不及格的要再考，多次不及格的直接把电话停掉。因此，销售人员都知道这是一件非常严肃的事情。

建设销售团队培训体系时一定要重视评估，而数字化恰好可以在这个方面发挥作用。

（3）可预测

销售人员的服务能力极强，可能就张不开嘴向客户要求成交；销售人员的成交能力极强，可能服务能力就比较弱。如何取得平衡呢？管理层要根据销售人员的考试成绩和业绩，建立一套可预测的培训模型。各种模型组合成一个体系，只要调整其中的某些参数，结果就会发生改变。建立这种培训体系需要持之以恒，不断地丰富案例库、话术库、题库。

没有一套功夫能够连续称霸十年，能够立于不败之地的一定是不断升级、自我迭代、持续学习的销售团队。从管理层的角度来说，最重要的事情就是建立一套培训体系，用这套体系赋能整个销售团队。培训内容和培训方法千差万别，但评估一套培训体系好不好一定要有标准，引入数字化工具有助于构建真正有效的培训体系。

3. 决策层如何复制销冠团队

（1）精准绘制人才画像

很多人都说，创业者最重要的事情是找人、找钱、找方向。其中，找人是最关键的。招对一个人，事半功倍；招错一个人，事倍功半。

在销售团队里面，什么人能快速成长、成为销冠？要想做出准确的判断，一定要关注细节，因此招聘过程数字化是很重要的。每个人的情况都不一样，如学历、智力、情商、表达力等。声音好不好听，在过往的团队里面有没有成功经验，是不是原来团队里面的销冠，在原来的业务领域里有没有突出表现等，都应该尽可能量化，只有这样招聘时才能做出合理的评估。

我们公司把销售人员的特质分为 5 个维度，招聘时每个维度按 1~5 分打分，最终形成人才画像。一段时间以后，我们再评估这个画像是否符合我们的要求。在这里，我讲一个自己的小发现：妈妈真的是伟大的群体。我们的电话销售团队有几十人，业绩排在前面的大部分都是妈妈，有的还是生了两个孩子的妈妈。这些女性进入职场后爆发出惊人的力量，她们的换位思考能力、对客户的包容度、韧性等都非常出色。后来，每次面试时遇到已婚已育的妈妈，我都会眼睛一亮，感到她可能是下一个销冠。我还发现，学历较高的人做销售也有优势，优秀的学习能力、表达能力、总结能力让他们在做顾问式销售时能爆发出极强的战斗力。

我们公司运营一段时间之后，组建了一支直销团队，加上原先的电话销售团队，销售渠道变得很丰富。公司的销售副总说，他原来认为做直销的至少要有大学本科学历，后来他做好人才画像后发现拥有大专学历的销售人员表现非常出色，因为他们一直专注于这个领域，能更快地做出成绩。很快，他就根据自己的发现调整了人才画像。

（2）下定决心推行数字化

很多企业都想走数字化这条路，但很多人都认为推行数字化和做电商有像。为什么这么说？以前很多人说不做电商就是等死，现在很多人说企业不推行数字化就是等死。其实，推行数字化并没有那么恐怖，下定决心才是最重要的。

罗马不是一日建成的，数字化也是日积跬步才能至千里。我们公司是做 CRM 软件的，所以我们下定决心推行数字化，这是我们基因里的东西，我们不会过多地考虑各种困难。当然，我们也经历了许多困难。例如，原先的客户表，几百个字段全部用完了，我想增加一个字段，运维同事说已经加满了，一个都动不了。

这反映了两件事：第一，我们推行数字化已久，把数字化工具用到了极致，每个部门都有自己的诉求，都用数字化手段开展管理，所以字段越加越多，甚至加满了；第二，我们前期没有做好规划，后期问题就暴露出来了。不过，出现问题不可怕，只要下定决心推行数字化，我们完全可以重新整理系统。

我们公司本身就是做 CRM 软件的，所以之前都是自己支撑内部的数字化改造。我们公司的 CRM 软件是一套非常完善的系统，是以客户为中心的 CRM 系统，有工单进销存、资金管理、客户管理、合同管理等模块，底层还有一套平台即服务（Platform as a Service，PaaS）系统，可用于自定义表单、流程报表、商业智能（Business Intelligence，BI）报表等。此外，我们还构建了一套低代码系统，用户可以自己写代码，满足更加个性化的业务需求。原先，公司内部的个性化业务需求，都是由我们的研发团队通过低代码系统和 PaaS 平台提供支持的。

2022 年，我们公司决定专门组建一支数字化团队，安排一群专职人员每天思考如何提高数字化水平、提高每个部门的效率。我认为，对决策层来说，最重要的事情就是下定推行数字化的决心，选对人、用对系统、用对工具。

最后简单总结一下，复制销冠要从以下三个层面入手。

（1）从一线销售人员的角度出发，他们需要数字化工具的支持，这样他们才能度过艰难的摸索期，实现快速成长。最重要的事情是沉淀优秀的方法论、话术集、案例集，确保开箱即用。

（2）从管理层的角度出发，最重要的事情是构建一套可量化、可评估、可预测的培训体系。

（3）从决策层的角度出发，最重要的事情是选对人，绘制优秀人才画像，坚持用数字化工具提升内部经营能力。

14 让效率提升 10 倍的检查清单

据说，顶尖的飞行员在每次起飞前都会拿着检查清单（Checklist）对飞机进行全面检查，因为他们深知不能把生命当儿戏。做销售工作也需要详细的检查清单，以确保避免一些低级错误。

检查清单是一种列出工作流程、要点和注意事项的工具，它可以帮助我们对重要事项进行逐一核查，确保不遗漏任何细节。使用检查清单有助于提高工作效率，检查完一项之后直接进入下一项的检查。对销售新人和新晋管理者来说，检查清单是一种非常友好的工具。

下面是销售工作中常用的几种检查清单。

产品介绍清单
Checklist

不知道如何介绍产品? 开口前请填写这张清单!

高明的产品介绍顺序:

- 站在客户的角度, 按顺序填写产品的价值、场景和功能。
- 填写每个项目时尽量只用一句话, 20 个字左右, 让任何人一看就明白。

价值	☐ 核心价值 1: ☐ 核心价值 2:
场景	☐ 使用场景 1: ☐ 使用场景 2: ☐ 使用场景 3: ☐ 使用场景 4:
功能	☐ 核心功能 1: ☐ 核心功能 2: ☐ 核心功能 3: ☐ 核心功能 4: ☐ 核心功能 5: ☐ 核心功能 6:
场景与功能的对应关系	☐ 使用场景 1 核心功能 (　) 核心功能 (　) 核心功能 (　) ☐ 使用场景 2 核心功能 (　) 核心功能 (　) 核心功能 (　) ☐ 使用场景 3 核心功能 (　) 核心功能 (　) 核心功能 (　)

备注:

- 真正接触客户前, 可以用这张清单练习如何介绍产品, 不断地讲。
- 接触客户时, 可以用这张清单提醒自己可能疏漏的点。
- 以周为单位复盘产品介绍的效果, 重新梳理产品的价值、场景和功能。

产品演示清单
Checklist

我们把销售人员向潜在客户做产品演示的过程做成了清单，以便你完美地展示产品！

注意事项：

- 在演示前，你可以做准备，如果还没把握，就做更多的准备。
- 在演示前想好：演示结束后，你最希望客户记住哪三件事？

邀请客户进行产品演示前应该确认的事	☐ 客户为什么对你的解决方案感兴趣 ☐ 他们希望你的产品能帮助他们实现哪些目标或解决哪些问题 ☐ 他们当前是如何做的 ☐ 他们想要改进什么 ☐ 他们过去或现在是否使用过类似的产品 ☐ 他们还在评估哪些其他交易 ☐ 谁是参与交易的利益相关者 ☐ 他们如何评估你的解决方案，他们希望你的产品推动哪些 KPI
邀请客户进行产品演示前应该做的事	☐ 确保潜在客户参加 ☐ 清楚表达参加产品演示对潜在客户的好处 ☐ 通过提出潜在客户想要实现的目标来推销产品演示 ☐ 在电话中与潜在客户交谈时立即安排产品演示，并且邀请决策者 ☐ 在通话结束后立即发出邀请，在演示前一天提醒客户
进行产品演示时应该做的事	☐ 了解如何演示产品 ☐ 尝试以不同的方式展示你的产品，看看哪种方式最能激发潜在客户的兴趣 ☐ 在演示时，使用潜在客户会感兴趣的内容和数据类型 ☐ 通过事先准备好你的工具给客户留下好印象 ☐ 在演示开始前打开（并最小化）你将要展示的应用程序窗口 ☐ 关闭聊天通知及其他任何可能突然出现在屏幕上的应用程序 ☐ 减少屏幕上的视觉杂乱 ☐ 打开一个空的文本文件，以便在演示期间记录问题或记笔记 ☐ 录下产品演示过程，了解什么行为有效，什么行为无效
演示期间应该做的事	☐ 从宏观到微观：给客户一个大局观，然后详细说明 ☐ 展示价值，而非功能，充分利用你之前获得的客户信息 ☐ 展示产品的一个令人震撼的特性，满足客户的需求 ☐ 使用客户常用的某些词语或短语（但不要过度） ☐ 像专业人士一样操作鼠标，不要有突然的动作 ☐ 当客户讲话时，永远不要打断他们 ☐ 使用客户的问题作为了解他们需求的方式 ☐ 确保在说真正重要的事情前你已获得客户的注意力 ☐ 将产品故障作为向客户展示故障排除过程的机会 ☐ 准时开始和结束产品演示 ☐ 产品演示时间最长为 15 分钟 ☐ 在等待页面或应用程序加载时，通过讲话或提问来充分利用时间 ☐ 以询问能否成交来结束产品演示

跟进清单
Checklist

如何成为一位会听的销售人员？与客户沟通完毕后马上填写这张清单！

客户跟进小记：

- 根据沟通中客户输出的内容，抓住客户的核心关注点、需求和异议。
- 复盘，规划下一步的跟进节奏和策略。
- 列出待办事项（To Do List），即此次沟通结束后自己和客户各自需要完成的事情。

客户的基本信息	☐ 信息 1： ☐ 信息 2： ☐ 信息 3：
客户的需求	☐ 显性需求： ☐ 隐性需求： ☐ 深层需求：
客户的异议	☐ 异议 1： ☐ 异议 2： ☐ 异议 3：
我的待办事项	☐ 确认事项 ☐ 准备资料、案例 ☐ 下次沟通的时间、地点 ☐ 下次跟进的策略
客户的待办事项	☐ 确认事项 ☐ 下次沟通的时间、地点

备注：

- 每次跟客户沟通完毕后都要立即填写这张清单，下次沟通前拿出来复习一下客户基本情况。
- 根据待办事项安排自己的工作内容，为下一次跟进和沟通做好充分准备。

成交要素清单
Checklist

不知道成交客户画像是什么样的？盘点客户时请填写这张清单，总结归纳出客户成交的五大要素！

客户成交的五大要素：

- ToB 销售人员可以从这几个方面入手——公司规模有多大？处于什么行业？行业有何特点？公司业务是什么？业务有何特点？
- ToC 销售人员可以从这几个方面入手——年龄、性别、职业、所在城市分别是什么？家庭年收入是多少？预算是多少？

要素一	☐ ☐ ☐
要素二	☐ ☐ ☐
要素三	☐ ☐ ☐
要素四	☐ ☐ ☐
要素五	☐ ☐ ☐

备注：

- 不要把时间和精力浪费在大概率不会成交的客户身上，用这张清单快速锁定重点客户。
- 每遇到一个新客户，就拿出这张清单进行比对，看看这个新客户是否具备成交的条件。

客户角色清单
Checklist

不清楚 ToB 决策链路？跟进客户前请填写这张清单！

_____公司角色清单：

- 请填写各个角色的核心需求、核心收益和决策权。
- 分析这家公司的层级关系和决策链路，以及谁向谁汇报、谁最终决策。
- 分析购买所涉及的部门和流程。

最终决策人（CEO） 姓名：	☐ 核心需求： ☐ 核心收益： ☐ 决策权：
业务负责人（_____总监） 姓名：	☐ 核心需求： ☐ 核心收益： ☐ 决策权：
采购人员 姓名：	☐ 核心需求： ☐ 核心收益： ☐ 决策权：
行政人员 姓名：	☐ 核心需求： ☐ 核心收益： ☐ 决策权：
法务人员 姓名：	☐ 核心需求： ☐ 核心收益： ☐ 决策权：
财务人员 姓名：	☐ 核心需求： ☐ 核心收益： ☐ 决策权：
_____部门员工 姓名：	☐ 核心需求： ☐ 核心收益： ☐ 决策权：
决策链路（汇报流程）	

备注：

- 跟不同角色沟通时，可以用这张清单有针对性地设计沟通内容，确保其需求能被满足，而且能拿到收益。
- 每做一次沟通，每多获得一些信息，就修改清单中的相应内容。

客户阶段自检清单
Checklist

客户阶段有时也被称为客户生命周期或客户旅程，是指客户与产品从开始产生互动到结束的所有阶段。客户阶段是衡量销售人员运营能力最重要的指标之一。

注意事项：

销售漏斗是一种科学地反映机会状态及销售效率的销售管理模型。它能将客户从进入漏斗至最终成交的整个过程可视化，帮助销售人员更好地理解客户阶段的变化，预测销售结果。

团队维度	☐ 不同团队销售漏斗的对比 ☐ 不同团队各客户阶段停留时长的对比
个人维度	☐ 不同销售人员销售漏斗的对比 ☐ 不同销售人员各客户阶段停留时长的对比
停留时长维度	☐ 寻找潜在客户阶段的停留时长对比 ☐ 预约拜访阶段的停留时长对比 ☐ 初次拜访阶段的停留时长对比 ☐ 深入洽谈阶段的停留时长对比 ☐ 成交阶段的停留时长对比
业绩完成维度	☐ 预测业绩与实际业绩的对比 ☐ 不同团队业绩完成情况的对比 ☐ 不同销售人员业绩完成情况的对比 ☐ 不同来源业绩完成情况的对比 ☐ 不同产品业绩完成情况的对比

客户流失率自检清单
Checklist

客户流失率是一个关键的商业指标，是指在一段时间内失去的客户数占开始时客户总数的比例。换句话说，它可以帮助企业了解有多少客户在特定时间段内停止使用其产品或服务。

注意事项：

客户流失率＝（在特定时期内失去的客户数 ÷ 该时期开始时的客户总数）×100%

不同来源流失客户的对比	☐ 官网 ☐ App ☐ 自拓 ☐ 转介绍 ☐ 广告
不同等级流失客户的对比	☐ V1 ☐ V2 ☐ V3 ☐ V4 ☐ V5
不同行业流失客户的对比	☐ 互联网 ☐ 金融 ☐ 教育 ☐ 医疗 ☐ 其他
不同产品流失客户的对比	☐ 产品1 ☐ 产品2 ☐ 产品3 ☐ 产品4
不同原因客户流失的情况	☐ 价格原因 ☐ 产品原因 ☐ 服务原因 ☐ 渠道问题 ☐ 自然流失
流失客户转向竞争对手的情况	☐ 友商A ☐ 友商B ☐ 友商C ☐ 友商D
时间维度	☐ 流失客户数量随时间的变化情况 ☐ 客户流失率随时间的变化情况
团队维度	☐ 不同团队客户流失率的对比
个人维度	☐ 不同销售人员客户流失率的对比

日常检视清单
Checklist

一线销售人员不会做你说的事情，只会做你检查的事情。要想把一线销售人员个体的能力转变为销售团队的业绩，就必须建立一套强有力的检视制度。

注意事项：

- 管理层执行周检视制度。
- 销售小组执行日检视制度。

管理层每周检视业绩目标	☐ 业绩目标完成情况 ☐ 预测目标 ☐ 各小组业绩目标完成情况 ☐ 各小组预测目标
管理层每周检视核心指标	☐ 流量（新增线索数） ☐ 客单价 ☐ 转化率 ☐ 转化周期
管理层每周检视培训体系	☐ 本周培训情况 ☐ 员工反馈 ☐ 下周培训任务
销售小组每日检视核心指标	☐ 线索的有效联系率 ☐ 线索转客户率 ☐ 重点客户的转化率 ☐ 在库客户分层盘点

限于篇幅，此处仅展示了几种常见的检查清单。如果大家希望了解更多的细节，欢迎大家与我联系。

15 让销售团队自动运转的 CRM 系统

　　一位多年的好友老 L 最近杀进了人工智能（Artificial Intelligence，AI）大模型的赛道，并且成功拿到了一笔大额融资，我由衷地为他感到高兴。在非常困难的融资环境中，在这么"卷"的 AI 大模型赛道上，能够凭借自身实力拿到大额融资，真的很不容易！但是，老 L 和绝大部分创业者一样，之前完全没有做过销售工作，更没有销售团队管理经验。拿到融资后，他一方面要快速打开市场，一方面对销售团队管理一筹莫展，这让老 L 十分焦虑。

　　我深知创业不易，特别是在创业早期，产品和服务需要经过市场检验，一支小而精悍的销售团队可以大大加速整个创业进程。但是，如果销售团队松松垮垮、容易犯低级错误，那就是创业者的噩梦了。创业这件事情对创业者的要求是极高的，既要精通产品，又要精通销售。但在现实世界中，哪怕是创业多年的老兵，也不一定掌握跨领域的专业能力。绝大部分技术型创业者都会被"怎么快速打造一支战斗力强悍的销售团队"这个问题难住。

　　我强烈建议老 L 上一套 CRM 系统，并不是因为我是专业做 CRM 软件的，而是因为我深知 CRM 系统可以让他脱离困境，帮助他快速搭建一支高水平的销售团队。CRM 系统是一套基于数字化销售管理方法论的工具。我创业这么多年来，一方面在设计和开发 CRM 系统，一方面在带着一支销售团队多年如一日、持之以恒地践行 CRM 系统蕴含的数字化销售管理方法论。我基于这套方法论，从 0 到 1 打造过销冠团队，培育过一批又一批的销冠，在开拓新市场的时候快速复制过销冠团队。我知道怎么利用一套 CRM 系统补齐他的短板，让他的销售团队顺畅地运转。

老 L 很给我面子，直接采购了我们公司的 CRM 系统。系统实施只花了不到两周的时间，这套系统帮他快速规范了销售管理：一切销售行为全部留痕；客户资产管理、客户拜访计划、销售人员跟进记录、商机推进阶段、基本的 BI 数据模型快速落地。老 L 的销售团队每周做一次复盘，打开 CRM 系统，一周所有的销售行为、客户情况和对比数据一目了然。当所有的销售数据有条理地摊在桌面上时，哪怕他之前完全没有做过销售管理，也能凭借管理常识做出合理的判断和正确的决策。

老 L 遇到的问题没有什么特别之处，都是销售管理中常见的问题。解决了这些问题，销售团队想"拉垮"都难。

（1）销售人员要不要管，怎么管

要不要管销售人员是老 L 和我聊的第一个问题。老 L 觉得：首先，销售人员用结果说话，只要达成业绩目标就行，管不管好像区别不大；其次，销售人员整天在外面跑，管理难度很高；最后，他没做过销售管理，过于严格怕销售人员束手束脚，过于宽松又怕自己在销售人员心里没有威信。总之，他觉得特别难！

这几个想法真的非常典型。我遇到过非常多的管理者，他们的想法和老 L 一模一样。

我给老 L 的方案非常简单："你不要直接管销售团队。"

老 L："那我应该怎么办？"

我说："你先制定一套基于 CRM 系统的管理制度，然后让你的助理督促销售人员每天录入数据，最后让数据说话，你做裁判就可以了。"

这个方案可以让 CRM 系统和助理接手销售团队的日常管理工作，老 L 只需要在每周的例会上对销售数据做相应的判断。一位助理加一套 CRM 系统，配合管理制度，很轻松就管好了最烦琐的销售过程，让老 L 当上了"甩手掌柜"。

（2）前线战况如何，客户开发得怎么样了，能不能放在一张大图上让我看清楚

老 L 提出第二个问题，其实已经是 CRM 系统实施完四周后的事情了。在 CRM 系统加管理制度再加一位助理的模式下，销售团队已经做到了每周把客户数据、跟进数据、拜访计划等录入系统，新增客户数量、客户跟进数量全部公开并形成排名榜，谁多谁少一目了然，销售人员会很自然地给自己"加压"。CRM 系统里的客户数据快速增加，老 L 的烦恼很快就从没有客户变成了客户太多管不过来。

老 L 说："每周对 100 多个客户进行复盘，简直要了老命，以后只会更多，根本看不过来啊！"

我说："CRM 系统自带解决方案，让你的助理督促大家把'客户分层'和'客户阶段'这两个字段用起来，确保重点客户重点跟进。"

启用这两个字段前前后后花了一周多的时间，比我想象的速度快很多。当初，在我们公司的销售团队内部，从统一客户阶段的定

义，到设计好各个阶段的建议销售动作，再到督促大家按要求执行，总共花了一个季度的时间。因此，在团队还很小的时候引入CRM 系统可以避免非常多不必要的内耗，早早地为销售团队植入数字化管理的基因。

自从用上了"客户阶段"这个字段，老 L 的管理看板就从列表视图变成了泳道视图（见图 2-20），每个阶段的客户数量一清二楚，他只需要关注泳道最右边的少量客户即可。

（3）合同执行情况怎么样，交付有没有问题

正如前文所说，一支小而精悍的销售团队可以大大加速整个创业进程。两个月之后，老 L 的销售团队就开始"产粮"了。早期带回来的每一个客户都非常宝贵，在产品能力有待验证、方案能力还需共创、服务能力全靠责任心的阶段，合同执行和交付肯定不光是售后服务团队的事情。无论产品研发团队还是销售团队，都要在交付过程中保驾护航。

老 L 的公司的产品是 AI 多模态大模型一体机，需要与客户现有的系统集成。在这个过程中，开发人员需要开发系统对接的接口，销售人员要与客户的服务提供商做好商务对接，实施人员要做好现场的实施落地，甚至需要老 L 亲自与客户高层对话。这样的团队协作是复杂精密且长周期的。向一个客户交付产品就已经如此复杂了，当向多个客户同时交付产品时，整个团队的混乱程度可想而知。

这也不是什么新鲜事，太多的创业团队倒在了交付这个环节上，就好像咬牙坚持跑完了几乎全程，最后倒在了终点线前。

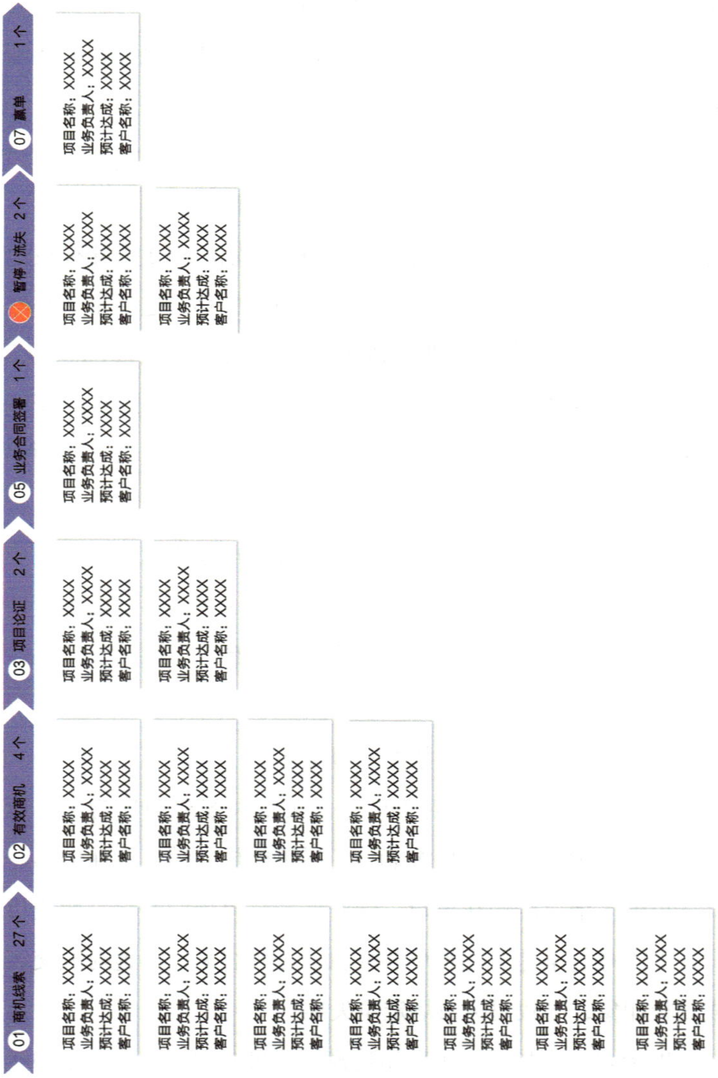

01 商机线索 27个	02 有效商机 4个	03 项目论证 2个	05 业务合同签署 1个	⊗ 暂停/流失 2个	07 赢单 1个
项目名称：XXXX 业务负责人：XXXX 预计达成：XXXX 客户名称：XXXX	项目名称：XXXX 业务负责人：XXXX 预计达成：XXXX 客户名称：XXXX	项目名称：XXXX 业务负责人：XXXX 预计达成：XXXX 客户名称：XXXX	项目名称：XXXX 业务负责人：XXXX 预计达成：XXXX 客户名称：XXXX	项目名称：XXXX 业务负责人：XXXX 预计达成：XXXX 客户名称：XXXX	项目名称：XXXX 业务负责人：XXXX 预计达成：XXXX 客户名称：XXXX
项目名称：XXXX 业务负责人：XXXX 预计达成：XXXX 客户名称：XXXX	项目名称：XXXX 业务负责人：XXXX 预计达成：XXXX 客户名称：XXXX	项目名称：XXXX 业务负责人：XXXX 预计达成：XXXX 客户名称：XXXX		项目名称：XXXX 业务负责人：XXXX 预计达成：XXXX 客户名称：XXXX	
项目名称：XXXX 业务负责人：XXXX 预计达成：XXXX 客户名称：XXXX	项目名称：XXXX 业务负责人：XXXX 预计达成：XXXX 客户名称：XXXX				
项目名称：XXXX 业务负责人：XXXX 预计达成：XXXX 客户名称：XXXX	项目名称：XXXX 业务负责人：XXXX 预计达成：XXXX 客户名称：XXXX				
项目名称：XXXX 业务负责人：XXXX 预计达成：XXXX 客户名称：XXXX					
项目名称：XXXX 业务负责人：XXXX 预计达成：XXXX 客户名称：XXXX					

图 2-20　泳道视图

老 L 问："你们也做大客户，你们是怎么解决这个问题的？"

我说："项目管理和工单模块都可以用起来。"

君子生非异也，善假于物也。游刃有余的人其实也没什么特别的，只是善于利用外部的工具而已。

（4）这位销售人员表现如何，应该留用还是淘汰

老 L 问的这个问题仅停留在探讨阶段，淘汰人员并没有在他的团队里真实发生。但是我知道，随着时间的推移，这件事情必然会发生。"招留育用汰"是管理者必须掌握的技能。最后这个"汰"就是淘汰不适任人员的意思。很多企业非常关注销售团队的新鲜度，会主动淘汰居于末位的销售人员，不断引入新鲜血液，从而保持团队持续向上的动力。

但是，淘汰是一门很深的学问。末位淘汰还是不达标淘汰？业绩目标达不成淘汰还是过程指标完不成淘汰？3 个月不达标淘汰还是 6 个月不达标淘汰？这些问题并没有标准答案。

老 L 问："我应该在什么时候淘汰一位销售人员？"

我说："用好 BI 报表，让数据模型说话。"

其实，老 L 的团队还在创业早期，又以大客户销售为主，所以应该重点考核销售人员的拓客能力，尽可能放大销售漏斗的第一层；要尽可能多地接触潜在客户，做好产品与市场的磨合，明确目标客户，而不是过早地关注签单和回款，否则容易过早地对成交客户形成刻板印象，导致目标市场定位失准。

老 L 对流量这个指标做了数据建模，通过时间维度看流量的变化趋势，通过对比销售人员的个人数据，发现了他们在拓客能力上

的差别。

　　上面通过一个初创团队的故事介绍了如何利用 CRM 系统让一支销售团队顺利地运转起来。老 L 的团队草创不久，遇到的问题不多，CRM 系统可以帮助对销售管理没什么概念的老 L 轻松地管理好销售团队，为后续的团队扩张打下良好的基础。

　　任何优秀的方法论，都需要工具的承载。创业十多年来，我做 CRM 系统的时间就有 9 年，其间服务过几万家企业，数百万销售人员正在使用我们公司的 CRM 系统工作，我对这份帮助企业实现数字化的事业充满了感情。老 L 的故事就发生在最近，写他怎么用数字化思维管好销售团队时，我的内心有一种布道者的虔诚。

第 3 部分

一线销售人员快速提升业绩的方法

一线销售人员业绩提升的背后，往往不是能力的全面提升，而是一项一项小技能的提升。只要方法到位，没有经验的"小白"也能成长为销冠！

16 新人如何快速上手？改培训为训练，一次解决一个问题

在我们公司的发展过程中，有长达几年的时间，销售团队培训都是由我亲自授课的。在刚开始的那段时间，我在讲台上看着下面无精打采的同事，心里有一种说不出的难受。我知道他们这种状态是人性使然，问题的关键并不在于知识本身有没有用，也不在于授课老师讲得好不好。回忆起我们在大学里的时光，哪怕老师在讲台上讲得天花乱坠，座位上依然有昏昏欲睡的学生。穷则思变，我把培训改成了训练，没想到效果出奇地好。

下面以会听为例，讲一下怎么把培训变成训练。第 1 部分已经详细介绍了销冠的六大底层能力，其中会听是非常重要的一项能力。销售人员在与客户沟通的过程中，要能听出哪些是关键信息，这是培训内容中非常重要的一个项目。

在一场约有 10 人参加的培训中，我先抛给大家一个问题："你们和客户沟通时会留意听哪些关键信息呢？"然后，我要求每个人依次回答。

一轮回答结束之后，大家开始合并同类项，按提到的次数从高到低排列这些关键信息。显然，被销售人员提到次数最多的信息，才是真正的关键信息。

这时，我抛给大家第二个问题："得到这些关键信息对成交有什么帮助？"这次依然是每个人依次回答。

第二轮回答结束之后，大家基本上对关键信息的作用达成了共识。在这场聚焦于"会听"这项关键能力的培训中，大家通过这种方式群策群力，共同回答了"听什么"这个关键问题。

培训到这里就结束了吗？不，这只是训练的开始而已。

我给大家留了课后作业："明天跟进客户时，每个人都要留意自己是不是听出来了这些关键信息，还要在跟进小结里面做好记录。明天培训时，我会随机抽两位同事上台跟大家分享！"

培训的内容就这样非常自然地转化成了训练的内容。有的管理者开玩笑说"员工不会做你说的任何事情，只会做你检查的事情"，这句话其实有一定的道理。第二天的随机抽查和上台分享就是最好的检查，就像悬在每一位参加培训的销售人员头上的达摩克利斯之剑，督促着他们第二天好好执行前一天培训的内容。

第二天，我按照约定，随机点名两位同事上台分享当天的跟进情况。台上的同事讲完后，我会让台下的同事进行现场点评："请你评价一下跟进情况。如果是你，你会怎么做？"

这种互动的效果非常好，没有人无精打采，因为现场没有人是可有可无的，也没有人能够躲避互动。第二天培训结束之后，这一组参训人员会进入长达两周的专项训练周期，在此期间一直采用这种互动方式，只解决"会听"这一个问题。

类似这样的训练，我一做就是好几年，想解决什么方面的问题，就做什么方面的专项训练。只要把销售团队遇到的问题拆解成可执行的任务，这套办法几乎可以解决任何问题。

我经常给员工做培训，站在讲台上，员工的表情尽收眼底。大部分人的神态会流露出内心的真实想法"这种培训可有可无"，甚至有少部分人会露出不情不愿的表情，真正积极主动参与培训的是少数中的少数。尤其是销售团队的培训，有些人会本能地躲避，每到培训的时间段，他们不是正在给客户打电话，就是正在给客户演示系统。

一般意义上的培训，往往不能直接帮助员工提升业绩。培训课程中的知识，很多都是方法论层面的总结，穿插少量的真实案例仅仅是为了帮助参训人员理解培训内容。销售人员面对的客户场景复杂多变，培训内容很难转化为谈单、成交的具体动作，理论指导实践的难度很高。因此，很多销售人员参与培训的积极性并不高。

很多企业的培训总是会落入可有可无的尴尬境地。管理层热心地组织培训，对培训寄予厚望。无论花钱请讲师还是自己熬夜写课件，他们恨不得把毕生所学一股脑儿地传授给员工。但员工往往是不情不愿地参加培训，无精打采地听完几个小时的课程，可能只听懂了一小部分，也可能一句话也没听进去。回到工作岗位上，原来怎么做，现在还是怎么做。

有人统计后发现，一位员工参加一场培训，当场可以吸收 30% 的内容，一周后还记得 10% 的内容，1 个月后只记得 5% 的内容，3 个月后差不多已经完全忘记了所有内容。时间花了，精力花了，预算也花了，培训结束后一两个月做一次培训效果访谈，大部分参训人员往往只记得做过一次培训，少数人能记得培训主题，大部分人已经不记得培训的具体内容。

大家都觉得培训有用，但又说不出到底有什么作用。每年做年度述职时，公司让员工提建议，很多员工都说希望公司在新的一年里组织更多的培训，提升大家的业务水平。但实际上，如果公司真正采纳这个建议，来年开始组织培训的时候，很多员工又觉得公司组织的培训给他们增加了额外的负担。这真是一个黑色幽默。

改培训为训练是打破僵局的一种有效方式。

销售岗位是每天都要进行大量实践的岗位。一个好的销售策略，一个有效的产品价值点，甚至一句好的话术，都可以第一天培训，第二天实战验证。因此，我非常反对在培训过程中给销售人员灌输大量的方法论，我认为应该把复杂的方法论转化为具体的问题和具体的任务或动作，一次只解决一个问题，确保参训人员不仅"知其然"而且"知其所以然"，也就是不仅知道应该怎么做，还知道为什么要这么做。

第一天培训结束之后，把任务安排给参训人员，确保每个人都按要求进行实战。在第二天复盘的时候，要针对执行结果进行开放式的讨论。这种从理论到实战验证再到集体复盘的过程，要反复进行多次，只要坚持一两周的时间，就能把好的销售方法转化为销售人员的工作习惯。

这种自下而上的沙龙形式的探讨，非常适用于打造学习型团队。

对销售团队来说，具备训练能力的销售主管是真正的宝贝。千军易得，一将难求。销售团队的流动性是比较大的，销售主管培养人的能力几乎决定了销售团队整体的战斗力。

要想提升销售团队的业绩，除了要把无效的培训转化成有效的训练，还要刻意培养销售主管的训练能力，明确地向销售主管提出掌握训练能力的要求。

其实，很多企业对销售主管的定位比较模糊。有的企业要求销售主管既要对个人业绩负责，又要对团队业绩负责，说白了就是既要在一线拿单，又要做好团队管理。我个人非常反对这种做法，这种"既要又要还要"的做法会对销售主管造成非常大的伤害。毕竟，大部分人只能同时做好一两件事情，能做精一件事情都难。

2023 年年初，公司管理层开会时有人提议，让销售主管回到一线，考核他们时一半看个人业绩，另一半看团队业绩。经过深思熟虑之后，我力排众议，否定了这个提议。我认为，销售主管必须把培养一线销售人员这项工作做精。不管培养新人、提升老手还是复制销冠，都必须建立在精湛的训练能力基础之上。因此，我一直坚持让销售主管专注于管理本身。

几位销售主管并没有让我失望。2023 年的前 6 个月，销售团队每周做两次线下培训，由我主导。我向几位销售主管提出要求，6个月之内必须掌握训练团队的能力，下半年的培训由他们主导。6个月之后，培训的任务就慢慢地转移到了几位销售主管手上，而且他们在第四季度给了我一个大大的惊喜。

2023 年 11 月，销售团队的业绩目标非常高。测算后发现，只有将高级版本的成单量占比提高到 50% 以上，才有可能完成月度目标。这是一次典型的实战训练，就是要解决"高级版本成单量占比提高到 50%"这个具体问题。由几位销售主管主导的"提升高级版本成单量占比"的实战训练持续了整整一个月，效果非常惊人——当月培训，当月见效，当月超额完成了目标。

17 如何把业绩越做越扎实？从第一个客户开始重视转介绍

　　我们先假设自己是客户，销售人员在把你加为微信好友后的第一个周末，突然给你发了一条内容是"周末愉快"的消息，我想大部分人应该能在第一时间看出这位销售人员的意图，正常人的反应无非是礼貌地回复"周末愉快"，或者直接无视。

　　第二个周末、第三个周末，一直到第 52 个周末，在整整一年的时间里，这位销售人员每个周末都会给你发一条内容是"周末愉快"的消息。我想，在这种情况下，大部分人多多少少会对这位销售人员产生敬佩之意。不管他的企图心有多强烈，但我们仍然会被这样的执着打动。以后碰到合适的机会，或者有合适的客户可以转介绍，你很可能会想起微信里有这样一位销售人员，你也许会做一个顺水人情，让他试一试。

　　看到这里的读者或许会以为我在"灌鸡汤"，但上面描述的事情并不是假设，而是发生在一位销冠身上的真实故事。

　　在 2023 年结束的时候，我组织销售团队复盘当年的转介绍情况。做得最好的同事有 110 多个转介绍客户，也就是说，每两个工作日就能与一个转介绍客户成交。而排在末位的同事全年只有 5 个转介绍客户，整个销售团队平均每个月只有 20 个转介绍客户。那位做得最好的同事正是销冠，前面提到的坚持给每个客户发送微信消息"周末愉快"的"笨办法"正是她的转介绍秘诀。

　　《怪诞行为学》一书深入探讨了市场规范和社会规范的内涵及其在日常生活中的应用。假设你刚搬到一个新社区，面对"将一个大件物品搬上楼"的挑战，你有两个选择：一是寻求未来邻居的善意协助，二是花钱请专业人士来解决问题。这两种方式均可达成目的，但其内在逻辑大相径庭。前者依托于社会规范，是一种基于情感和人际关系的互助；后者则完全遵循市场规范，是一种经济交易。

　　简而言之，社会规范就是我们日常生活中的"人情"与"面子"，而市场规范则是经济活动的基础。二者之间的关系复杂微妙，我们在不同的场合要运用不同的规范。在某些情况下，我们需要运用社会规范来维护人际关系；在另外一些情况下，我们需要运用市场规范来处理问题。

　　这本书还举了一个生动的例子来说明两者的区别。想象一下，在丈母娘家欢度佳节，她精心地准备了丰盛的晚餐，气氛温馨融洽。如果你在饭后询问晚餐费用并坚持付款，这无疑会破坏和谐的气氛。然而，如果你给丈母娘带去一份贵重的礼物，这无疑会增进温馨的氛围。这正是社会规范与市场规范在实际生活中的微妙差异。

　　我们销售团队的这位同事，持之以恒地利用周末的宝贵休息时间，给所有还没"拉黑"她的客户发送微信消息"周末愉快"，其本质就是对社会规范的灵活运用。

　　在销售这个领域，有时候坚持和执着比技巧和策略更重要。当我们面对冷冰冰的数字和业绩目标时，很容易变得焦虑和急躁，但这位同事却用她的行动向我们证明：很多时候，用心和真诚才是最能打动人的。

她并没有什么特殊的技巧，也没有什么高明的策略，她只是用最简单的方式，给客户发送了一条又一条的微信消息"周末愉快"。这个举动看似微不足道，但蕴含着深意。她在用自己的方式向客户传递关心和温暖，她在用自己的行动表达对客户的尊重和重视。这样的举动虽然不能直接创造业绩，但能让客户感受到她的真诚和用心，从而与其建立更深厚的信任关系和情感联系。

有时候，客户需要的并不是多么优惠的价格、多么丰富的赠品，他们需要的只是一种被关心、被尊重的感觉。这位同事正是抓住了这一点，用最简单的方式赢得了客户的信任和支持。

在今天十分激烈的商业竞争中，销售人员如何在有限的时间内有效地维护客户关系是一个值得深入探讨的话题。

我们要认识到，客情维护不仅是一种策略，更是一种艺术。销售人员需要了解客户的需求和兴趣，与其建立起真诚且长久的关系。微信是国内大部分人都在使用的社交工具，对销售人员来说，它也是一个便捷高效的客情维护工具。

如何在微信上进行有效的客情维护呢？总体来说，分为以下四个步骤。

（1）做好客户分类。将客户按照重要程度、购买频率等分为不同的类别，如重点客户、潜在客户、普通客户等。

（2）确定沟通频率，规划沟通内容。对于不同类别的客户，制订不同的沟通计划，包括沟通频率和内容。例如，每周与重点客户至少沟通一次，每月与潜在客户沟通一次等。

（3）个性化互动。根据客户的兴趣和需求，将沟通内容个性化。例如，了解客户的业余爱好后，定期向其发送相关的文章或短视频。

（4）跟踪和反馈。定期跟踪客户反馈，及时调整沟通策略。

在具体操作层面，我认为有三个要点，分别是每日的固定沟通、节日和特殊日子的问候，以及不定期的案例分享。

（1）每日的固定沟通

每天抽出 1 小时进行客情维护，具体活动包括回复客户信息、发送行业动态、分享有价值的文章等。销售人员要主动询问客户的意见和建议，还要记录每次沟通的内容和客户反馈，以便不断优化沟通策略。

（2）节日和特殊日子的问候

在客户生日、重要节日等特殊日子问候客户，向其发送祝福语，表达对客户的关心。

（3）不定期的案例分享

不定期分享成功案例，向客户提供有价值的信息，可以增强销售人员的专业形象。

带着销售团队做完转介绍复盘之后，我在鼓励同事用好社会规范的基础上，很快和他们一起制定了基于市场规范的转介绍策略：每天都跟自己能接触到的客户说"帮我介绍一个客户，可以拿到1000 元的奖励"，以这句话结束沟通。我算了一笔非常简单的账：现在销售团队每个月至少要接触 7000 多个客户，如果跟每个客户

如何在微信上进行有效的客情维护

● **做好客户分类**

将客户按照重要程度、
购买频率等分为不同
的类别。

● **确定沟通频率，沟通规划内容**

对于不同类别的客户，
制订不同的沟通计划。

● **个性化互动**

根据客户的兴趣和
需求，将沟通内容
个性化。

● **跟踪和反馈**

定期跟踪客户反馈，
及时调整沟通策略。

具体操作方式

1. 每日的固定沟通

每天抽出1小时进行客情维护。

2. 节日和特殊日子的问候

在客户生日、重要节日等特殊日子问候客户，发送祝福语。

3. 不定期的案例分享

不定期分享成功案例，向客户提供有价值的信息，增强销
售人员的专业形象。

都说这句话，3 个月之后，至少已经向 21 000 个客户传达了我们的转介绍奖励政策；假如有 10% 的客户做了转介绍，那么 3 个月之后，每个月就有 210 个转介绍客户。这样算下来，销售团队每个月的转介绍客户数量将增加到原先的约 10 倍！

种一棵树最好的时间是 10 年前，其次是现在。如果你还没有开始积攒转介绍客户，就只能从现在开始，用今天的勤奋弥补昨天的疏失。只要你愿意开始，什么时候都不晚。如果你真的愿意努力，人生最坏的结果，也不过是大器晚成。成功的起点是决心，成功的终点是坚持。在这个世界上，几乎没有人不想成功，但真正成功的人却很少。很多人之所以无法成功，是因为想得多、做得少，一味地抱怨自己的条件不如别人。

对销售人员来说，职业积累是非常重要的。在这里，我可以分享一些招聘方面的数据：企业每收到 100 份简历，可以筛选出 5 个候选人，进入电话沟通环节；每 10 次电话沟通，可以筛选出 1 个候选人，进入线下面试环节；每 3 次线下面试，可以发出 1 份录用通知。也就是说，企业需要筛选五六百份简历，才能招聘到一位符合要求的销售人员。一支销售团队一年进 10 个新人，背后的 HR 团队需要筛选五六千份简历。每一个进入销售团队的人，都是千挑万选的胜出者。

我有多年的招聘和面试经历，看过数以千计的简历。每一份简历背后，都是一个浓缩的职场生涯。很多销售人员的职场生涯像一条波浪线，起起伏伏，有波峰、有波谷，但并没有一浪高于一浪，形成向上的势能。例如，有人做了 3 年信用卡销售，转行之后做了 3 年房地产销售，然后又转行做了 3 年软件销售。这 3 份工作的高光期就是 3 个波峰，这 3 份工作的连接处就是 3 个波谷，后一份工作并没有踩在前一份工作的浪尖之上。

水平方向上这条看不见的红线，就像看不见的天花板。作为一线销售人员，如何突破这条红线，让自己的职业生涯成为一条昂扬上升的曲线呢？

我们可以从转介绍的角度出发，问自己两个问题：今天成交的客户，有没有可能帮我介绍下一个客户呢？这一份工作积累的客户，有没有可能在下一份工作里帮我介绍更多的客户呢？我希望每一位读到这里的销售人员对这两个问题的回答都是"是"！

18 如何快速锁定重点客户？筛选和匹配的无限游戏

2015 年国内的 SaaS 软件市场，开局就是"地狱模式"。据说当时全国在做搜索引擎推广的厂商有 1500 多家，O2O 时代的"千团大战"都没有这么惨烈。让我印象非常深刻的是，有一个客户非常理直气壮地对我说："现在的软件都是免费的，凭什么让我给你们付钱？"

当时，只是一个认知上的转变，就让我瞬间找到了破局的方法——不愿意付钱的，就不是我的客户。

向只想要免费软件的客户推销付费软件，这件事情从一开始就是错误的。所以，我们很快就改变了策略。在线索阶段，我们会直接问客户："我们这个产品是付费软件，试用之后有帮助，您会考虑购买吗？"这个小小的改变帮助我们筛掉了无效的线索，大大地提高了销售工作的效率。

销售的过程其实就是一场不断筛选目标客户的无限游戏。

在我的创业历程中，《有限与无限的游戏》这本书给我带来了一个非常新颖的视角。这本书的作者认为世界上所有的事物都可以分为两类——有限游戏和无限游戏。

有限游戏有一个确定的开始和一个确定的结束，有特定的赢家，规则存在的目的就是保证游戏正常进行并能够结束。而无限游戏则没有时间界限，既没有一个确定的开始，也没有一个确定的结束，甚至没有赢家，其目的在于将更多的人带入游戏，从而延续游戏。

这本书提供的全新视角，也可以用在销售工作上。销售不仅是一场达成交易的有限游戏，也是一场不断拓展客户群体、提升销售人员个人影响力的无限游戏。

谈到销售，大部分人的直观印象是这是一种有限游戏。在这场游戏中，销售人员与客户之间进行着一场有始有终的交易，双方都有明确的目标和期望，一旦交易达成，游戏就结束了。有限游戏的特点是目标明确、规则清晰、结果可预见。

然而，真正的销售高手却将销售视为一场无限游戏。在这场游戏中，销售人员不断地筛选出潜在客户，不断地与他们建立联系，深入了解他们的需求，以期建立长期、稳定的合作关系。无限游戏的特点是目标长远、规则灵活、结果不可预见。

有限游戏与无限游戏并不是互斥的，而是互补的。销售人员需要通过有限游戏来达成短期目标，同时需要通过无限游戏来建立长期的客户关系。

非常多的销售新人都会钻入一个牛角尖——下意识地希望抓住每一个线索。但是，在现实世界中，这是几乎无法做到的，在绝大部分时候，销售人员都在做匹配的游戏。

我们的产品和服务刚好是客户需要的，这些客户才是真正的客户。对于暂时没有需求或需求不明确的客户，销售人员不应该花太多的心思去转化他们，而应该努力做好潜在客户的培育工作。当这些潜在客户的需求开始萌发的时候，他们在第一时间就会想到你，你就算成功了。

在这个筛选的过程中，客户分层和销售漏斗可以发挥非常重要的作用。

对销售人员来说，客户分层最简单的方法就是把客户分为两大类——有明确需求的和没有明确需求的。

对于有明确需求的客户，销售人员要把他们列为重点跟进对象，花心思进行转化，一日三见也不是什么过分的事情。无论关系型销售还是价值型销售，其实客户转化的主要方法就那么几种，这时销售心态反倒显得更加重要。上战伐谋，其次伐交，攻心为上，攻城为下。

对于没有明确需求的客户，销售人员必须做好期望管理，以培育为主。销售人员的主要工作是建立连接，刷存在感，培育感情，确保当客户的需求开始明确时，客户第一个想到的就是自己。

接下来介绍销售漏斗。销售漏斗是一种视觉工具，用于描述和测量销售过程中的各个阶段。它类似一个倒置的金字塔或漏斗，每一级代表销售过程中的一个阶段，都包含一定数量的潜在客户。随着销售过程的推进，潜在客户数量会逐渐减少，直到最后成交。

这就好比一个漏斗，上面宽阔，随着销售过程的推进逐渐变窄。

销售漏斗的作用是把销售过程分成若干阶段，从前一个阶段进入下一个阶段的时候，转化率并不是 100%，只有 50% 甚至更低。为了达成业绩目标，销售人员要准确地判断自己的客户处于哪个阶段，这样就可以倒推出在上个阶段自己需要做哪些工作。

从相对宏观的视角来看，销售过程可以分为四个阶段，分别是市场线索阶段、销售线索阶段、商机阶段和成交阶段。销售人员要关注影响每个阶段最终结果的过程指标。

在市场线索阶段，要关心转出率。有 100 个线索，能转给销售人员的有 90 个，转出率高，说明广告投放很精准。

在销售线索阶段，要关心转商机率。有 100 个线索，能转商机的有 50 个，转商机率高，就说明线索的质量很好。

在商机阶段，要关心赢单率。有 100 个商机，最终成交了 10 单，赢单率就是 10%。

销售漏斗

- **销售**的过程，其实就是**不断筛选出目标客户**的过程。

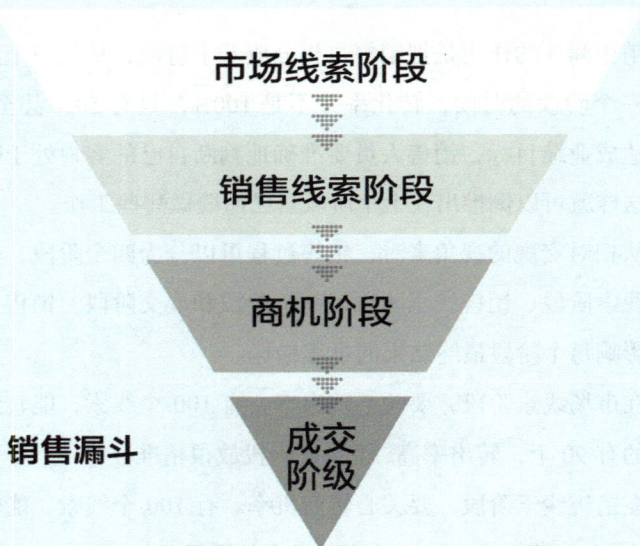

市场线索阶段

销售线索阶段

商机阶段

成交
阶级

销售漏斗

- **市场线索阶段**　关心转出率
- **销售线索阶段**　关心转商机率
- **商机阶段**　关心成交率
- **成交阶段**　关心丢单原因

销售漏斗并不是什么新鲜的概念，能踏踏实实用好销售漏斗的销售人员，业绩往往不会差。

销售人员普遍存在客户量焦虑，总希望自己手上的客户越多越好，总觉得自己手上的客户不够多。其实，并不是手上的客户越多越好，而是手上的优质客户越多越好。手上的客户非常多，跟进不过来，最终一个成交不了，那还是一场空。销售人员的时间和精力是有限的，要想提高工作效率，就要综合考虑客户数量、客户来源和单客价值。

销售人员只有知道自己手上的客户是从什么地方来的，每个来源的数量大概有多少，成交金额是多少，才能知道每个来源的转化率大概是多少，单客价值大概是多少，哪里来的客户价值比较高，也就不会产生客户量焦虑。这时，抓大放小，重点跟进转化率高的线索也就顺理成章了。在转化率极低的海量线索里花费时间和精力，只会把自己累死，但最后的效果并不好。

例如，保险销售人员的第一批客户往往是身边的亲戚朋友，第二批客户很可能是亲戚朋友转介绍的有保险意识的客户。一位优秀的保险销售人员很快就会意识到这批有保险意识的转介绍客户更优质、更有价值，就不会再向自己的亲戚朋友推销保险了。

消除客户量焦虑的另外一种方法是了解销售的完整路径，包括波峰和波谷。

以直销为例，一位销售人员的成长期至少是 6 个月。如果不知道销售的完整路径，新人在第一个月一定会很焦虑，他们不会关注客户培育和技能提升，只想着开单；如果对销售的完整路径有认知，他们就会一步一个脚印地往前走。

明确了客户分层、客户阶段和成交周期，就相当于明确了每个客户处于什么阶段。例如，销售人员知道了处于线索、试用、需求明确、意向合作、确定合作阶段的客户分别有多少，就可以推测出大概什么时候可以成交，间接预测出当月甚至当年的业绩。有了一个个具体的数值，销售人员就不会产生焦虑，也能知道自己努力的方向。

销售人员把客户池盘清楚后应该怎么做？这里举个例子说明。分解完目标后，已知这个月还差 1 个成交客户；根据 20% 的转化率，可以推算出这个月需要找到 5 个潜在客户；根据 5% 的潜客转化率，可以推算出这个月要影响 100 个处于线索阶段的客户；把这100 个客户分解到一周的工作内容里，可以推算出每个工作日至少要跟进 20 个客户。这时就可以考虑实际操作层面的事情了，比如选择打电话、发送微信消息或发朋友圈。

在跟进客户的过程中，销售人员一定会经常问自己一个问题：这个客户是不是优质的精准客户？我提供一个判断的基准，那就是客户的购买动机是否足够充分，用大白话说就是痛点够不够痛。

做销售久了，你会发现，其实客户并不在乎你的产品或服务是什么，他只在乎你的产品或服务能为他做什么。所以，很多客户都喜欢问："购买后，我能从中得到什么？"

有的保险销售人员在推销人寿保险时喜欢强调自己产品的竞争力、自己公司的规模和声誉、较轻的购买负担等，虽然这些都很重要，但并未触及购买人寿保险的核心动机——希望获得内心的安宁。

一位优秀的保险销售人员在拜访新客户时会问："如果您不幸

发生意外，您是否觉得有责任为您的家庭提供保障？"如果客户毫不犹豫地回答"是"，他就不会再花时间说明购买人寿保险的重要性。这个问题简单直接，但直击客户的情感需求。

请牢记，渴望收益和害怕损失是客户购买产品或服务的两大动机。

渴望收益是指客户渴望通过购买产品或服务改善现状。如果客户的主要购买动机是这个，销售人员的第一要务就是让客户明白，买了这个产品或服务，他的生活或工作可以得到哪些改善。

害怕损失是指客户曾经买错了东西，再买东西时会非常小心，避免再次发生类似的损失，或者客户担心不买某件东西就不能获得某些好处，并把这种未获得的好处视为损失。

有人发现了一件很有意思的事情，客户因为害怕损失而产生的购买动机，往往比因为渴望获益而产生的购买动机强好几倍。

19 客户说贵该怎么办？处理价格异议的最佳话术

我们回顾一下影响业绩的三大指标——流量、客单价和转化率。我在做销售团队的日常管理工作时，基本都是围绕这几个指标展开的，每一次冥思苦想下个季度怎么带领团队实现突破的时候，脑子里盘旋的就是这几个指标。

2023 年对我们公司的电话销售团队来说是一个艰难的年份，整体流量下滑严重，并且短期内很难快速改善。我的应对策略是鼓励销售团队售卖更高级的软件版本及更多的功能，从而提高客单价。客单价的上升对冲了流量下滑带来的不利影响，而且带来了意外之喜：客户购买了更高级的软件版本及更多的功能，与软件的绑定程度变深，来年的续费率也得到了提升。

但是，在提升客单价的时候，销售人员面临的最大挑战之一就是客户提出的价格异议。

"销售人员不敢报价，怕把客户吓跑了。"这是在执行售卖高版本策略的第一周，销售总监跟我说的话。

这是销售人员内心的恐惧，不管平时做再多的培训，提供再多的数字化销售方法论，都难以解决这个问题。这时，只有胜利才能击败恐惧。真正在战场上亮剑，拿下订单，达成目标，才是最好的培训。

当月的业绩结果出来的时候，我心里大大地舒了一口气，虽然销售团队的整体数据还没什么起色，但我已经看到了胜利的希望。

当月的销冠是一匹黑马，这位男同事之前的业绩排名一直保持在中等位置，但这个月高级版售卖率达了惊人的 100%。

"我老婆最近要生了，这个月肯定会很忙。我想着反正没时间，还不如拼一把。对于所有客户，我全部从高级版开始报价，如果有客户提出异议，我就用领导提供的方法，至少坚持 3 轮。我没想到效果非常好，客户真正认同产品价值的时候，不仅对价格不敏感，而且决策速度很快。"

第一个人战胜内心恐惧、拿到胜利果实之后，其他人的跟进就水到渠成了。2 个月之后，高级版售卖率超过了 50%，客单价比上一年提高了 34%。

应对价格异议的关键在于重塑客户的认知。销售人员的目标不仅是销售产品，更是提供解决方案。在面对"凭什么卖那么贵"这样的质疑时，销售人员要将对话引向产品带来的长期价值。客单价上升的时候，如何传递产品的价值，化解价格带来的压力，成了销售团队必须解决的问题。

当客户提出你的产品比别人的贵的时候，你首先要做的就是不要心生恐惧，其实你掌握的知识和方法足以支撑你优雅地处理这个问题。我给销售团队的办法其实也很常规，总结起来就以下三点。

（1）价格脱敏的心理战术

面对价格异议时，销售人员要主动帮助客户进行价格脱敏，切入点主要有以下三个。

- 战略级决策的投入与产出。数字化是公司的战略级决策，对公司未来的发展至关重要。在一款能够帮助公司实现战略目标的软件上投资，产生的价值远超软件的价格，产出远超投入。
- 细分成本的合理性。如果将软件费用平摊到每位销售人员身上，每年的支出并不高，远低于销售人员一年的薪资、培训成本等。
- 对产出的美好假设。强大的工具能帮助销售人员提高成交率，只需多成交一两单，就能覆盖购买软件的成本。

（2）对比竞品，直观呈现产品价值

通过对比竞品，可以更直观地展现本公司产品的价值，切入点主要有以下三个。

- 成功部署与高续费率。销售人员可以说："我们这款软件的续费率高达 70%，远超竞争对手的 30%，这说明我们的软件能够成功部署并持续为客户创造价值。"
- 试错成本的权衡。选择更便宜的产品可能意味着更高的试错成本，包括时间成本、人力成本等；而选择部署成功率更高的系统，可以降低这些成本。
- 客户好评与售后服务。销售人员可以说："我们获得了众多客户的好评，并且有强大的售后服务团队提供支持。如果选择价格低廉的产品，可能会在售后服务方面遇到困难。"

（3）提供增值服务

销售高客单价产品时，不仅要在价格上做文章，还要在增值服务上下功夫。提供与产品紧密相关的增值服务，可以让客户看到产品更多的潜在价值，切入点主要有以下两个。

- 定制服务。提供个性化的定制服务，精准地满足客户需求。
- 效果跟踪。提供效果跟踪服务，展示产品为客户创造的效益。

客户提出价格异议往往是因为对产品价值认知不足，而销售人员的任务就是用逻辑和数据改变其认知。

客户觉得贵，销售人员可以做三件事

- ### 价格脱敏的心理战术

主动帮助客户进行价格脱敏，切入点包括战略级决策的投入与产出、细分成本的合理性及对产出的美好假设。

- ### 对比竞品

通过对比竞品，更直观地展现本公司产品的价值。

- ### 提供增值服务

提供与产品紧密相关的增值服务，让客户看到产品更多的潜在价值。

几乎没有客户会接受销售人员的第一次报价，肯定希望价格再优惠一些。一个单子最终没成交，如果是因为卡在价格上，那么大概率是沟通出了问题。很多时候，客户提出价格贵，并不是真的认为价格贵，只要客户愿意聊下去，就有成交的机会。

我们一起来看两个经典的话术。

话术一："您是单纯希望我们再优惠一点，还是已经对比过其他产品了？"

主观意愿永远比客观条件更重要。销售人员可以问客户这个问题，以判断客户是不是真的要买。如果客户已经货比三家，那么购买意愿肯定比较强；如果客户还没有进入比价阶段，那么购买意愿就不会很强。

话术二："是不是只要价格达到您的心理预期，咱们就能成交？"

价格异议永远要放到"临门一脚"的阶段解决。客户有成交意愿，价值传递也到位了，我们才能跟对价格敏感的客户谈价格。也就是说，先确定客户是不是真的想买，再谈价格。

客户觉得价格贵，一般有以下三个原因。

第一个原因是找错了客户。例如，有一家公司专门做豪华定制皮鞋。对那些经常穿昂贵、高质量皮鞋的人来说，这家公司的产品可能非常有吸引力；但对那些更喜欢穿休闲鞋或更注重实用性和舒适性的人来说，这家公司的产品可能就显得过于昂贵了。

第二个原因是销售人员一上来就报价。从客户的角度来说，不管销售人员第一次报价是高还是低，客户的直觉反应都是贵。销售人员不应该一上来就报价，要先了解客户的需求，然后向客户传递产品价值，最后再报价。

第三个原因是报价策略不合理。客户问价格，销售人员就直接报一个确定的价格，这种不给客户任何选择的报价方式是错误的。正确的做法是给客户多个选项。例如，销售人员可以给客户两个选项——A选项和A-选项，A选项好一点，如"活动价6个月30元"，A-选项稍差一点，如"3个月30元"。

客户觉得价格贵，当然还有非常多的客观原因。销售人员不要觉得自己什么情况都能应对，可以拿下100%的客户，而要学会取舍，在有水的地方挖井。

20 如何做专家顾问型销售？开始打造个人影响力

说到销售人员的个人影响力，我们不应该把期望值抬得过高。我们可以把这种影响力理解为有限地影响几十个或几百个客户的力量。这种影响力的作用，仅仅是客户有了合作机会就会想起销售人员，遇到可能需要相关产品或服务的朋友，会主动转发一下销售人员的名片。前文谈过从第一个客户开始重视转介绍的话题，转介绍做得最好的销冠其实也是个人影响力做得最好的。

说到个人影响力这件事情，其实我有点怯场，因为在生活中，我不是一个想主动影响别人的人，儒家文化深入我们的骨髓，大部分人都不太愿意张扬个性、打扰他人，所以大多数人都显得内敛而默默无闻。不过，在工作场合中，同事们给我的评价却是我挺会

"洗脑"的，总能让人不由自主地照着我说的逻辑做事。因此，在工作场合中，我还算是一个挺有影响力的人。

早些年买房时，为我服务的经纪人让我印象非常深刻。他长期留在了我的微信朋友圈里，我还给他介绍了好几位要买房的同事。有一次，我陪着同事跟他一起看房，有两个细节让我记忆犹新。

第一个细节是他自信的状态。那位经纪人戴着墨镜，开着黑色宝马 3 系轿车，穿着时髦。这个形象和人们印象中经纪人一般都穿白衬衫、打领带的刻板形象完全不同。他潇洒地开着车，带着我们逛了整个滨江区，甚至去了比较偏远的萧山南。在整个过程中，他显得十分专业、自然，自来熟又不过分热情，让人感到非常舒服。

第二个细节是我同事的反应。他没有让经纪人在中介费上打折！为什么没砍价？肯定是这位经纪人让我的同事买到了心仪的房子，而且他的服务让人如沐春风。

这件事情过去好几年了，但我一直都记着。回顾这些年带销售团队的经历，我经常会拿这位经纪人对比我们销售团队里面的同事。

我发现，付出型的销售人员做得特别辛苦，业绩还不高。有的销售人员为了迁就客户的时间，一直苦苦等到半夜，才有机会给客户演示系统；有的销售人员给客户做了 3 次培训，每次长达 1 小时，但就是不能推进到签订合同阶段；有的客户一直推脱说忙，忙到抽不出 15 分钟如约跟销售人员电话沟通。

这些情况，站在客户的角度，其实很好理解。客户认为自己面对的就是一位普通的销售人员，对方根本不重要，没什么影响力，所以优先级很低，只有自己有空了，如果还记得对方，才会联系对方。

从销售人员的角度来说，碰到这种情况应该怎么办呢？我的建议是，销售人员一定要在第一时间传递价值，无论产品的价值还是自己作为顾问的价值，一定要让客户知道自己能帮上大忙。

我认为，销售人员的个人影响力主要来自以下三个方面。

（1）过硬的专业能力

我专注于企业数字化这个赛道 11 年多的时间，没有一天离开这个行业，没有一天停止思考；我从大学开始，在软件开发这个领域里已经浸润了十六七年，时至今日，我还有偶尔写点代码的习惯；哪怕是在销售管理这个领域，我从 2017 年开始一直在探索和实践，否则也不可能在这里跟大家分享我的思考。

做销售也一样，你一定要想办法成为顾问，成为那个领域的专家，用自己的专业能力吸引客户，用自己的专业能力成就你的客户，就算你的客户没有选择立刻购买，但日后碰到相关的事情，一定会在第一时间想到你。

我有两条具体的建议：第一，了解自己销售的产品或服务的每一个细节，了解自身所处行业的最新动态，包括市场变化和技术发展等；第二，跟客户分享这些信息，通过社交媒体持之以恒地输出自己的知识和经验。

（2）利他思维

《人类存在的意义》这本书对我的影响巨大，书中提到，人类作为个体存在的时候，往往比较自私，否则个体无法生存，基因无法延续；人作为群体存在的时候，必须利他，否则群体就会灭亡。每一位创业者在管理这个方面都要经历痛苦的成长，对我而言，内心最大的挣扎就是对员工的态度。同理心让我对同事温和，但是团队业绩的压力又需要我对同事严格，甚至淘汰业绩排名处于末位的同事。上面那本书里面的思想，帮助我很好地消化了这种矛盾。

我相信所有销售人员都会遇到人性的矛盾。要不要麻烦这个客户？要不要请求他？要不要强势地主导成交？本杰明·富兰克林说："如果你想交一个朋友，那就请他帮你一个忙。"销售人员不应该觉得让成交客户帮忙转介绍难以启齿，主动麻烦客户其实创造了一个回报客户的机会，让双方可以互利互惠。

我有两条具体的建议：第一，深入了解客户的需求和担忧，确保他们感到被重视，保持真诚和透明，不要为了完成交易而误导客户；第二，提供优质的服务，超出客户的期望，鼓励满意的客户帮忙转介绍或给予好评。

（3）相信相信的力量

有一位离职员工问我："你为什么总是信心满满？你看，我们有那么多项目都失败了，为什么你每次新立项时都觉得能成功？"我沉默片刻后回答："因为我在创业，所以我必须相信我正在做的事情！"

创业和销售有相同的地方，也有不一样的地方。做销售，很重要的一点是传递信心，只有你对自己的产品和服务有信心，客户才会对你有信心。销售人员要想扩大自己的影响力，除了专业能力过硬、具备利他思维及相信自己，还要把这种影响力传递给自己的客户。

罗翔说："年轻的时候，别把太多的心思放在人脉上，不是因为人脉不管用，我非常负责任地告诉你，人脉特管用，不是一般的管用。但问题是，这个世界上所有社交关系的法则都是利益互换，如果你自身实力不够，你是不可能有什么厉害人脉的。"

　　罗翔老师一语道出了人际关系的本质——人与人之间的价值交换。人际关系对销售人员来说相当重要，但很多人都会陷入以下三大误区。

　　误区一：我认识很多很多人。

　　很多时候，你认识很多人不重要，很多人认识你才重要。

　　马未都分享过一个故事：某著名拍卖行的门卫只负责帮客人拉门，拉了一辈子的门。拉门这件事情，看着简单，其实并不简单。几十年来进出拍卖行的人，很牛的，不牛的，前面牛后面不牛的，装牛的，这个门卫全认识，而且都记住了。

　　他认识几乎所有的客人，知道客人什么时候来，都买了什么，还可以帮助客人在酒会上"破冰"，相互介绍，因此变得异常重要。他拉门拉了 40 年，退休时这家拍卖行宣布他将以公司副总裁的身份退休，还为他举办了盛大的酒会。

　　这个在拍卖行拉门的人，虽然岗位很不起眼，但他是人际关系网络中的重要节点，很多人都认识他，并且通过他联系上了别人，所以他就变得异常重要。

　　误区二：偶遇贵人就能签大单。

　　贵人不可能凭空冒出来，你要提前帮助未来会帮你的人。

　　大单几乎都不是从天而降的，我自己从来没听哪位同事跟我说，他的大单来自偶然找上门的客户。客户留意销售人员很久了，逐渐认可了他提供的解决方案，在合适的时机决定和他签单，这才是绝大部分大单的成交逻辑。

　　对于那些暂时没兴趣、暂时不愿意成交的客户，销售人员要多留心，找合适的方法触达他们，不断地发出信号："我很懂 ×××，如果需要 ×××，一定要来找我。"

误区三：持续发朋友圈，总会一天会有效果。

刘润说："那些能帮到你的人，不是你的人脉；只有那些你能帮到的人，才是你的人脉。"所以，他想尽方法帮助别人，坚持将很多新想法分享在朋友圈里，甚至有很多朋友养成了每天看他朋友圈的习惯，因为他们觉得这些内容很有价值。这个例子可谓朋友圈运营的典范！

为什么你发的朋友圈总是被屏蔽，总是被人厌烦。也许你应该反思一下，是不是你发的内容功利性太强了、缺少利他性？

如果你经营朋友圈只是为了有一天别人能帮到你，这种出发点本身就是有问题的。

很多销售人员在初遇客户的时候，没有管理客户的意识，因此总是会遇到这样或那样的尴尬。

（1）商务宴请后收到了一堆名片，但第二天姓名、样貌、公司、职位等就都对不上号了，又不好意思询问核实。

（2）新加了微信好友，想第一时间了解对方，却看不到朋友圈，或者朋友圈仅三天内可见。

（3）时不时想起来手机里存着"那个谁"的号码，他好像是做什么的，在哪家公司，但想不起来在什么场景认识对方及对方的亮点，再次遇见时只好奉上尴尬而不失礼貌的微笑。

我建议大家用好微信的备注功能，只要稍微勤快一点，就能解决绝大部分问题。例如，与客户第一次见面，交换联系方式之后，第一时间将见面的主要情况记在信息栏里，包括见面的时间、地点及引荐人等；在与客户相处两三个小时后，可以适当补充客户信息，包括性格、爱好、外貌特征、职位等。

21 一线销售人员如何快速升职加薪？螺旋上升的成长方法

我想，绝大部分人都会碰到职业认同的问题。内心无法真正认同自己从事的工作，这对任何人来说都是一件痛苦的事情。

经常有人问我在哪个行业做销售更赚钱，做 ToB 销售好还是做 ToC 销售好，有人甚至会问去哪家公司好。我无法给出明确的答案，因为每个人的情况都大不相同，但我可以为大家提供一个做职业选择时的思考框架。我相信，绝大部分选择做销售的人都不仅仅是为了赚钱，他们也想通过销售这份工作有所成长，提升个人价值。

我总结出了一个关于销售人员价值的公式，里面有三个要素，分别是行业、公司和个人能力。

销售人员的价值 = 行业 × 公司 × 个人能力

首先，尽可能选一个好行业，如果这个行业里最优秀的销售人员都赚不到钱，就不要选择这个行业。很多行业技术更新换代的速度很快，以智能手机为例，每 7 年就会有一次大的技术革新。甚至有些行业过了几年之后就彻底消失了，如果你一毕业就进入这类行业，未来的职业发展就会很艰难。

其次，尽可能选一家好公司，如果这家公司的销冠都赚不到什么钱，就不要选择这家公司。入职前，要想办法了解销售团队的业绩，以及自己作为一线销售人员进入公司以后的上升通道。目前，国内中小企业的平均寿命不到 3 年。也就是说，如果你不谨慎选择进入哪家公司，很有可能你还没成长起来，公司就倒闭了。

最后，一定要持续学习，不断提升个人能力。除了第 1 部分介绍的销冠的六大底层能力，自驱力也非常重要。自驱力就是每天早上驱动你起床奋斗的动力，它既可以是外在的，如来自生活的压力，也可以是内在的，如对成就感的追求。

既然选择了做销售，又选好了行业和公司，做了一段时间后，特别是成为销冠以后，大概率会开始关心升职加薪的问题。下面就从两个角度讲一下升职加薪的底层逻辑。

从个体潜质的角度来看，什么样的销售人才是领导眼中的高潜力人才？什么样的人能被提拔？我认为主要有四个考量因素。

（1）优秀的业务能力。不用非得是销冠，但业绩必须出色，如果业务能力不行，说什么都是白搭。

（2）发现问题、解决问题的能力。很多刚晋升上来的管理者每天忙于琐碎的日常事务，根本看不见团队的真正问题，即便看见了，也无法解决。

（3）积极乐观、不服输的韧劲。拿下客户和带好团队都很难，客户动不动就拒绝你，团队成员也会出现各种各样的状况，如果没有坚韧的品质、必胜的决心、积极乐观的态度，就难以面对日常管理中的各种挫折。

（4）持续学习的自驱力。在我们公司，几乎每一位销售人员在年底跟我一对一谈话的时候，都会说来年想多读几本书。但等第二年问到这件事情的时候，真正能做到的人寥寥无几。只有持续学习，才能长久进步。

大家可以自评一下，看看自己是不是高潜力人才，哪些方面可以改进，判断一下无法升职加薪是不是因为自身存在一定的问题。

从团队的角度来看，千里马常有而伯乐不常有，高潜力人才常有，但升职加薪的机会不常有。为什么会这样？我认为主要原因是以下三个因素不匹配。

（1）组织建设的需求。当组织扩张时，内部往往会增加较多的管理岗位；当组织处于平稳或收缩状态时，就很难出现新增的管理岗位。

（2）团队发展的需要。团队内部往往需要建设人才梯队，管理岗位的"AB 角备份"是一种常规操作。

（3）个人成长的目标。有时候，组织建设需求出来了，团队内部也空出位置了，但候选人说自己不喜欢做管理，只想安安静静地做销冠。

因此，只有组织、团队的需求与个人目标产生交集，升职加薪的机会才会真正出现。

接着要说的是升职加薪的常见路径。领导赏识你，机会也出现了，这时往往会有一项虚线管理的任务，先任事再任命。也就是说，先让有潜力的销冠干一下管理的活儿，如果干得好，再做正式的提拔。

有一年，我们发现销售人员的话术不统一，价值点描述不清晰，于是安排一位高潜力销售人员带领 4 个人解决这个问题，最后

销售人员升职加薪的契机

销售人员升职升职的
天时、地利、人和

销售副总

销售主管

一线销售人员

- 公司角度
  - 组织建设的需求
  - 团队发展的需要
  - 个人成长的目标

- 个体角度
  - 优秀的业务能力
  - 发现和解决问题的能力
  - 积极乐观、不服输的韧劲
  - 持续学习的自驱力

她很好地解决了这个问题。后来，在组织扩张的阶段，她顺理成章地晋升为销售主管。因此，各位高潜力销售人员应该特别留心公司布置的额外任务，尤其是与团队管理相关的任务，如果完成得好，说不定很快就会升职加薪！

为了实现升职加薪的个人成长目标，你必须思考如何快速地成长起来。下面我分享几个心得。

（1）找到并分解销冠的数据

销冠的核心数据包括在库客户数、客户分层情况、转化率、客单价、转化周期、销售额、盘活量、有效盘活量等。每一项数据都要认真对比，找出自己与销冠的差距。

（2）分解销冠的销售过程，复制其良好的工作习惯

销冠的电话录音、工作时间表，销冠对常见问题的处理方式，销冠的开场白、产品介绍、话术等，都是很好的学习资料。把销冠的销售过程不断分解，分解到自己可以学习的颗粒度，自然就能复制其良好的工作习惯。

（3）PDCA（计划—执行—复盘—再执行）

PDCA 是一种比较传统但非常好用的管理方法，同样适用于自我管理。参照销冠的数据，制订自己每天的工作计划，然后按计划执行，定期检查复盘，复盘后持续迭代，再干一次。

在这里我想分享一个自己的发现，我认识的碌碌无为的销售人员几乎都有一个通病，他们在真正做事的时候全凭自己的经验和感

觉。他们总跟我说，经验和感觉并不可靠，他们自己都不相信自己能干成。最终的结果证明，的确很难干成。我对自己要做的每一件事情都有极大的信心，这个信心并非来自创业多年我走过的每条路、踩过的每个坑，而是来自这一路走来我所运用和沉淀的方法，它们足以支撑我走通任何一条新路。

我们要从日复一日的销售工作中提炼出好的方法，形成好的工作习惯。

<u>好习惯一：每天上班的第一件事情，就是列出当天一定要完成的、最重要的任务。</u>

我经常在夕会时发现销售团队的某些同事一整天忙得不行，连水都顾不上喝，但连一项重要任务都没完成，重点客户没跟进，重要合同没有走流程，一天就过去了。的确，销售是一个特别容易被客户牵着走的岗位，客户问两个问题，销售人员的工作节奏就会被打乱，他们忙着为客户答疑解惑，一两个小时一转眼就过去了。

我建议销售团队的同事，每天上班的第一件事情，就是列出当天一定要完成的三到四项最重要的任务，先专注地完成这些任务，再考虑其他任务。做做停停是最浪费时间的，能完成的任务应该尽量一口气做完。

我看到过这样一种说法，一个正在专注地完成一项任务的人被打断后，需要花 15 分钟甚至更长的时间才能重新集中精力继续这项任务。有的人在被打断后一两小时都无法进入之前那种专注的状态。

集中处理同一场景下的所有任务是高效的工作方法。以打电话为例，假设今天要给 3 个客户打电话，我就专门空出 1 小时只给客户打电话，甚至把时间拉长到一个半小时，集中完成所有需要电话沟通的事情。在 ToB 销售中，客户愿意接电话的时间集中在某几个小时内，我称之为"黄金时段"。销售人员只有充分利用黄金时段，把一天要打的电话一口气打完，才能空出更多的时间完成其他任务。

在跟客户沟通的过程中，销售人员要时刻警惕自己的节奏是否被打乱，确保沟通简短高效。

有一种时间管理方法是优先做重要且紧急的事情。但我认为，真正高效的人士并不会这样做，因为他们在事情尚处于重要但不紧急的阶段时就把它们处理完了。请在开始每天的工作之前，列出重要但不紧急的事情，不要等到事情变得十万紧急时才去处理。

好习惯二：用记事本或文档记录每次复盘。

我们公司的销售团队有一条规矩，每个月都要做一次一对一谈话。每次谈话时，我都会问一些常规性的问题，比如有没有什么事情需要帮忙、自己在过去一个月的进步和不足有哪些。

我跟上百位销售人员谈过话，只有一位同事对后一个问题的回答让我记忆犹新。她是一位常年占据销冠位置的二胎妈妈，当我和她聊到复盘的话题时，她拿出了自己的笔记本，上面密密麻麻写着她对自己工作的复盘，小到一通电话该怎么结尾，大到下个月月初应该如何多做客户储备，全都清清楚楚地列好，实在令人敬佩。

真正的高手，就是这样日拱一卒，一点一点改进，一步一步成长起来的。人们都说销售人员做的是重复性的工作，但我却在这位同事身上看到了那种不断打磨自己、持续精进的韧性。在她那里，任何小事都有进步的空间，都可以做得更好，这就是复盘的魔力。

结合同事和我自己的经验，我建议大家将复盘结构化，每次的复盘应该围绕着以下四个要点：一是目标；二是目标是否达成；

三是下次的目标；四是下次的准备工作。这四点其实恰好对应于
PDCA 的每个步骤。

销售人员的基本功往往体现在复盘上，将复盘结构化能让你每
天离销冠更近一步。

好习惯三：避免"精神内耗"，管理好自己的精力。

再忙也要保证睡眠，一日三餐吃好，适当运动。销售人员天天
都被客户拒绝，情绪极易受到外界的干扰，因此千万不能自我贬
低，要做一个快乐的人。

比起管理时间，更重要的是管理精力。销售工作不是体力劳
动，精力才是第一生产力。

很多销售人员年轻时还吃得消，到了中年就几乎扛不住了，这
不是体力问题，而是精力管理问题。要想持续做好销售工作，必须
掌握好工作节奏，主动休息，为自己蓄力。具体的方法多种多样，
既可以从脑力劳动切换到体力劳动，也可以从电话沟通切换到做方
案，还可以离开工位活动一会儿，吃点东西。

22 如何在三个月内成为销冠？设计自己的销冠之路

假如有一天我"穿越"了，带着 38 岁的记忆，"穿越"到了 26
岁的时候，成为一位普通的销售人员，我如何才能成为销冠呢？

作为一位再普通不过的门店销售人员，我售卖的是黑发护理服

务。这是一家专门做黑发护理的门店，店面不大，销售人员不多，总共六七位员工。不过，这家门店的客源还算不错，不仅做了地推广告，还在短视频平台上做了本地生活服务，再加上自然上门的客户，每天每位销售人员都能得到三四个新线索。

其实，再精妙的职业设计，也没有办法保证一个人获得成功。正所谓"七分靠打拼，三分天注定"，运气是一种无法否认的客观存在。把握人生就是在偶然性中寻找必然性，把不可控的因素放在一边，专注于可控的因素，置身于一个大概率的选择中。

如果让我总结职场的成功之道，我觉得选择和坚持是最重要的两个因素。我们要认识到，作为普通职场人，不管处于什么样的时代洪流之中，我们都要先和身边的五六个同事竞争，和哪些人同台竞技是一个非常重要的选择。此外，有些行业和技能要求我们有"童子功"，如传统曲艺、杂技和竞技运动等。所谓"童子功"，不仅是对天赋的遴选，更是一种极致的坚持。

1. 选领导、选团队、选行业

26 岁的我还有选择的空间。从整体上说，社会对年轻人还算宽容，偶尔的几次试错并不会成为职业生涯的绊脚石。因此，在有得选的年纪，我一定要把握住难得的选择权，第一个决定是要不要跟着眼前的领导。

虽然我做的是一线的门店销售工作，但是领导人不错，做事公正；同事关系融洽，客户是店里分配的，所以同事之间不存在太多的竞争关系；黑发护理行业不是"高大上"的高科技行业，属于美容美体行业，比较接地气。

选领导靠心。如果遇到了相处不舒服、内耗严重、没价值感的领导，最好选择直接放弃。我们往往会花非常多的时间选择自己的伴侣，也会花非常多的精力维护自己的朋友，但是很少有人以同样的心态对待自己的领导，而领导很可能是与你绑定程度最深、对你影响最直接的一个人。

选团队靠眼。一支团队的精气神和氛围，一眼就看得出来。一支氛围不好的团队会消耗你的生命，你很容易被当成一根"职场甘蔗"，被榨干水分之后只留下一地的残渣。

选行业靠脑。别说让 26 岁的我去分析一个行业的发展前景，哪怕是 38 岁的我，也很难准确预测一个行业的发展趋势。不过，对于一个行业是否对新人友好、是否有机会，我们仍然可以通过收集各个方面的信息做出相对理性的判断。

对很多人来说，活着本身就是一种被动的坚持。从幼儿园到大学毕业，近 20 年如一日地学习本身就是"超长待机"的坚持；从参加工作的第一天到退休，30 多年的劳动更是一种漫长的坚持。没有选择的坚持，会让我们随波逐流；而深思熟虑之后的坚持，往往能让我们厚积薄发。

不想当销冠的销售人员，不是一位好的销售人员。我要把六七位同事甩在身后，成为销冠！

2. 修炼开场白

"我们是十年老店，技术实力非常强。"

"没效果包退费。"

"很多人买了我们家的服务，头发很快就变黑了。"

这些开场白都是很常见的开场白，听着挺正常，没有什么问题，但实际上和客户聊的时候，总感觉差一口气，没有办法打动客户。客户的回应不是"嗯"就是"哦"，表情都没什么变化。

我开始运用 VSF 法则，用价值开场，很快就破解了这个困局。

"头发从白变黑，整个人都会变得年轻。"

"您看，这是用了一个月黑发护理服务的一位客户，头发转黑，感觉一下子就年轻了 10 岁。"

"黑发变白是在很短的时间内发生的，白头发一起来就收不住，人一下子就显老了。"

其实，客户真正关心的是价值。门店的技术实力或服务能力或许是客户在意的，但是真正能打动客户的一定是一头乌黑漂亮的头发给人带来的年轻感。变美、变年轻才是真正的价值。

自从换了开场白，我和客户聊天时明显更能聊到客户心坎里了，客户也更愿意主动开口了。

3. 想好怎么回答客户必问的 10 个问题

"你们家怎么这么贵，别人家的黑发护理服务一个周期才 1 万多元，你们家怎么要 2 万元？"

"你们家效果怎么样，要是一个周期完了一点效果都没有，怎么办？"

这些问题是每位客户都会问的问题，如果回答不好，客户可能马上就会离开。其实,当客户开始提问时,其内心的天平已经开始偏向了下单这一边。这时,我们要抓住时机,在天平上添加成交的砝码,让客户产生下单的决心。

我开始运用"异议处理五部曲",整理了 10 个客户必问的问题,还准备好了有助于成交的答案。

首先是倾听,认真听客户提出的问题,重视客户的情绪。

然后是认同,我对客户说:"是的,我们这个价格在行业里确实不算便宜。"

接着是澄清,我对客户说:"我们是 10 年老店,价格一直是这样的。我们的口碑非常好,很多客户都会给我们介绍新客户。反倒是那些主打低价的新店,大都开一段时间就做不下去了。"

接着是传递价值,我对客户说:"头发变黑会让人显得年轻,这相当于逆转了 10 岁的光阴。从这个角度来考虑的话,您会发现这个价格实际上是非常合理的。要知道,许多医疗美容服务的费用是这个价格的 10 倍,即便如此,仍然有很多人愿意付费。而且,我们非常自信地承诺,如果没有效果,我们就全额退款。"

最后请求认同,我对客户说:"头发变黑,人显得年轻,这才是您最看重的,您说对吗?"

4. 做好客户分层,合理分配精力

经过大半年的努力,我手上积累了一定数量的客户,渐渐地从手上完全没有客户的焦虑感里走了出来。但是,随着客户数量的增加,我发现自己的精力变得很分散,时间也不太够用了。

是时候对手上的客户进行分层了，对不同的客户要采用不同的维护策略，重点客户要重点跟进。

已经做完黑发护理全疗程的老客户是我的"宝藏客户"，他们的复购率高，转介绍的热情也高。定期联络这些老客户是我必须做的工作，我要在第一时间把店里的优惠活动、免费护理活动告诉他们，偶尔还要主动问一下他们有没有好好养护头发，转发一些关于头发养护的文章，在微信朋友圈里要与他们保持"点赞之交"。

对于已经付费、疗程尚未结束的客户，我要全程做好服务，但实际上不需要花费很多时间，只要做到积极主动即可。我会主动查看他们的预约时间表，提前打好招呼，帮助店内护理老师做好对接工作。客户来的时候，我会主动迎接；客户离店的时候，我会热情相送。

接待每天到店的新客才是真正花费大量时间和精力的工作。门店销售的精髓在于，一定要现场成交！客户已经来了，你还不趁热打铁、现场成交？等他们回去后，仅仅是让客户重新到店就要花费数倍的时间和精力。客户上门本身就说明他们有购买服务的心理准备，现场成交能力就是我最需要修炼的能力。

对于没有成交的客户，我要做的是做好培育工作。首先，必须跟客户互加微信好友，为长期培育创造可能性，否则一点机会都没有。其次，我要在朋友圈打造专业形象，让客户产生"把白发变黑，这个人是专业人士"的印象，让客户只要有这方面的需求就会想起我。最后，我要跟每一位潜在客户保持"点赞之交"，偶尔给他们发送节日祝福语，把他们当成普通朋友持续维护。

5. 告诉每个客户"我需要您的转介绍"

半年以后，我已经度过了新手期，每个月的业绩开始变得稳定，销售转化能力变强了，时间和精力的安排更加得心应手，一切都向着好的方向发展。但是，我仍然想知道，如何才能超越团队平均水平，成为销冠。

我知道，我的业绩是由流量、客单价和转化率决定的。店里所有的销售人员卖的都是同样的标准套餐，所以客单价是一样的。门店销售靠的是现场转化，一段时间之后，不同销售人员的转化率变得很接近。因此，要想突破平均水平，做到遥遥领先，必须在流量上发力。

我开始认真研究转介绍。

首先，我盘点了每天深度交流的客户数量。每天到店的新客户有 4 个左右，每天需要接待的疗程中的客户有 3 个左右，每天需要回访的完成全疗程的老客户有 2 个左右，这就是转介绍的"基本盘"，一个月有 200 个左右。

接下来，每次结束与客户的沟通时，我都会真诚地说一句："×哥，如果身边有需要做黑发养发的，一定要记得帮我介绍一下。"

最后，每次转介绍成功，我都会亲自向客户送一份小礼物，然后在朋友圈里真诚地感谢客户。

经过 3 个月的努力，已经有十几位老客户经常给我介绍新客户，我的业绩也顺利突破了团队的平均水平，我终于稳稳地坐到了销冠的位置上。

第 4 部分

销售管理体系的打造

一线销售主管的数字化赋能是基于一个个具体管理场景的。我们利用数字化思维解构这些场景，就能有效地提高一线销售主管的管理能力。

23 如何打造顶尖的销售团队？用数字化方法做管理

在 2021 年和 2023 年，我打了两场硬仗。2021 年，我从 0 到 1 组建销售团队，开拓全新的市场；2023 年，我帮助跌落低谷的销售团队重回巅峰。

两场硬战，我都漂亮地赢了下来，赢的关键就是对数字化思维的运用。

2021 年 8 月，一个宝贵的市场机会出现，我们的 CRM 系统可以上架到企业微信平台。面对与企业微信合作的机会，公司的全体同事都非常重视。从管理层到一线的员工都非常激动，摩拳擦掌准备大干一场。

但是，万事开头难，开局困难重重。企业微信平台上的竞争非常激烈，抬眼一看，平台上已经有十几款 CRM 系统在售，有的已经在企业微信上耕耘了好几年。冲击新市场时要面临激烈的竞争，这是很多创业团队都会遇到的事情。不过，创业就是这样，不管前面有多少坑、多少困难，都挡不住我们要赢的决心。

当时，我起了一个"再造一个冠军"的口号，意思是我们要在企业微信平台上再打造一支销冠团队。幸运的是，我们不辱使命，气势如虹地干成了。我们只花了 2 个月的时间，就冲到了企业微信客户管理类目第一名。而且，在接下来的 8 周里，我们的产品有 6 周都占据了第一名的位置。

回顾这场艰苦的战斗，我们究竟是如何取得胜利的呢？我认为最重要的因素之一，就是我们从零开始打造的销售团队始终坚守正确的数字化销售管理方法。正因为有一套高效的数字化思维，我们才能迅速复制并打造出一支顶尖的销售团队。

冲击企业微信平台的这支销售团队是从零开始打造的，里面有少量经验丰富的老同事，大部分是刚入职的新同事，销售主管则是临时从其他团队借调过来的。新团队加新产品，要去冲击一个新平台的冠军位置，其难度不言而喻。如果说一开始我就笃定能干到第一，那肯定是假话。但是，我当时觉得有几个机会点，值得一搏。

首先，我们这么多年来一直用 CRM 系统管理自己的销售团队，沉淀了大量的数字化销售管理的方法论及销售数据。成交客户画像、不同客户的成交过程、不同阶段客户的跟进策略、跟进记录、优秀话术等随时可以在系统中调取。

其次，我们服务过海量的企业用户，积累了大量的企业数字化服务经验。虽然市场是新的，但是企业对数字化的需求，尤其是企业在经营客户、提升销售额方面的核心需求是不变的。

最后，新团队的骨干都有比较强的数字化意识，对 CRM 系统的使用及数字化销售团队管理方法论都有较深的理解和丰富的实战经验。因此，当时的我对重新打造一支销冠团队还是非常有信心的。

这段在短时间内实现"逆袭"的成功经历是我创业旅程中难得的经验。

首先，一个优秀的 CRM 系统对提高销售效率有巨大的作用。

我记得销售团队刚组建的时候，我经常拉着研发团队和销售团队一起开业务复盘会。这种看似不合理的安排，却带来了意想不到的好处。在新平台上开展新业务，往往会对数字化系统产生新的需求。当时，我拉着一位研发主管，每天跟销售团队开复盘会。会议上提出来的新需求，往往隔天就支持到位了。

例如，在企业微信上申请试用的客户都会被分配给我们的销售人员。没有上系统之前，我们用的是人工分配的方法，特别耗时。尤其是下班以后注册的客户，往往隔天才能完成分配，销售人员也是隔天才能联系上客户，这时客户可能已经忘记自己注册过什么软件了。系统到位之后，客户申请试用后几秒内，销售人员就能收到消息提醒。

很多企业都会通过各种方式获取客户的手机号码。有的研究表明，10 分钟内联系客户的成功率是 2 小时后联系客户的成功率的 2 倍以上。

其次，销售数据应该全面共享，所有团队成员都能访问和查看这些数据。

所有的销售人员都能看到整个销售团队的销售数据。以盘活量数据为例，每天谁的盘活量高、谁的盘活量低，大家都一清二楚。转化率、成交额、客单价等与业绩相关的数据，以及通话录音、跟进记录等销售过程数据，应该向销售团队的所有人开放查看权限。

一支共同拼搏、开疆拓土的销售团队，极其需要上下一致、目标一致、方法一致、节奏一致，信息透明、管理透明，人在一起、心也在一起，在这种情况下爆发出来的战斗力是非常惊人的。只有所有人为共同的目标付出努力、付出智慧，才能一起拿到好的结果。

最后，要坚持用数字化的方法论打造销售团队。

我本人是程序员出身，创业之前的工作经历与销售完全不搭边。不过，程序员对系统、对数字都很敏感，于是我就很自然地从数字化这个角度切入销售团队管理，没想到效果非常好。

其实，销售团队管理有很多方法，有的重视流程，有的重视士气，有的强调培训，有的强调赛马机制。不过，对我而言，用数字化的方法打造销售团队才是效率最高的方法。

2022 年 12 月 15 日，我们公司 CEO 也是我的合伙人突然给我发消息，说电话销售总监提出离职。

这位总监是以应届生的身份加入公司的，在 5 年多的时间里从一线销售人员一直干到销售总监，不可谓不优秀。当然，公司在其身上投入的资源，也不可谓不多。电话销售团队 2022 年全年业绩失利的压力使其萌生退意，对公司来说，这无疑是一个巨大的损失。但是，如果销售团队的领头羊已经失去了必胜的信念，失去了对业绩的追求，不管是否主动提出退下来，其已经不再适合带领团队了。

接到消息的那一刻，我很清楚，对公司而言，选择的余地并不多。当时临近年底，又临近春节，电话销售总监临时提出离职，这个岗位是公司的核心岗位，这个部门又如此重要，几乎没有给公司留下从容处理的时间。

但是，创业就是这样，哪怕被逼到墙角，也要硬着头皮冲上去。当然，我们还要摆上一桌践行酒，感谢这位同事 5 年来的辛苦付出。

2021 年年末亲手交出电话销售团队的我，绝对想不到仅仅过了一年的时间，这支曾经的冠军团队就从辉煌的高点跌落。

这是一支曾经打出优秀战绩的销售团队，在企业 SaaS 领域，多年蝉联钉钉开放平台全平台销售额和销量双冠军；以电话销售的形式，连续多年拿下平均人效 180 万元的优秀战绩。2021 年年底，他们还沉浸在鲜花、掌声和全公司的新年厚望里，但到了 2022 年年底，已经连续 4 个季度业绩不达标。年度目标一降再降，依然难以达成；士气不振，总监离职，人心浮动，斗志凋零。

从 2017 年 2 月到 2021 年 12 月，我一直陪着这支团队成长，看着这支团队就像看着自己的孩子。仅仅一年的时间，看着它从意气风发的常胜将军变成斗败的公鸡，垂头丧气，毛发凌乱，我心中真是说不出的心疼、焦急。

2022 年，这支团队遇到了前所未有的困境。外部环境的变化、内部战略的调整、管理思维的变化，打乱了他们的节奏，这支一直以来都让我非常骄傲的团队败下阵来。但是，一支优秀的销售团队不应该过多地强调外部因素的制约，更不能被外部因素打趴下。

仔细审视过去一年中销售团队遭遇的挑战，我可以清楚地发现问题所在，并理解这支曾经卓越的销售团队经历了何种变化。

（1）丢了电话销售的精髓——效率

相比于线下销售，电话销售有非常突出的特点，那就是效率高。我们的软件试用周期是 15 天，而电话销售的转化周期是 14 天左右。与之形成鲜明对比的是，我们的线下销售团队的转化周期在 45 天到 60 天之间。

但是，在过去的一年里，这支电话销售团队好像集体忘记了"效率"这个关键词，盲目追求高客单价，盲目压注大客户，无限拉长转化周期；盲目引进商机管理机制，盲目学习线下销售的方法论，无限增加销售人员的工作负担；盲目抓数据指标，销售人员有限的时间和精力被浪费在与成交无关的数据指标上。

（2）丢了看家本领——数字化销售管理

从 2017 年开始，在连续四五年的时间里，我们公司一直在积极推行数字化销售管理体系，我们始终把重点放在几个关键指标上，如客户阶段、有效联系率、转化率等；一直使用"对齐标杆，复制销冠"这套简单有效的实战体系；围绕客户阶段精心设计了销售漏斗，以便准确地预测业绩，这套办法用了好多年。结果，在 2022 年，这些本领全丢了！

（3）丢了培训体系的核心——培训沙龙

这支销冠团队的第一批员工几乎都是"小白"出身，上一份工作几乎都和销售没关系。当时，我们就是靠着一次又一次的培训沙龙，硬是带出了一大批能征善战的销冠。这种自下而上的培训体系，从销售过程中的实际问题出发，集思广益找方法，集中方法找理论，非常适用于打造学习型团队。很可惜，在 2022 年，这套培训体系被改得面目全非。

2023 年，我和这支团队新的管理层积极推行数字化管理，用了整整一年的时间，让这支曾经的销冠团队又一次隐隐地展现出了强者的雄姿。

24 新晋管理者如何快速转换角色？从销冠到销售主管

我在几年的时间内面试了数以千计的销售人员。"未来的职业规划"这个话题是我和候选人必聊的话题。几乎所有人的回答都是"先做几年一线销售，做到销冠，然后走上管理岗位"。

那么，什么样的销冠可以更快地走上销售管理岗位呢？据我观察，能沉淀方法论，并且能用方法论赋能团队的销冠可以更快地走上销售管理岗位。

要想成为管理者，必须具备管理意识。销售团队就如同一支足球队，里面的每个人有不同的职责和分工，前锋老干后卫的活儿，整支球队就乱套了。如果一位球员想变成队长，就必须对整支球队的战斗力有全面的了解，让自己具备队长的潜质，而不是当上队长后才去了解。

同理，作为一线销售人员，如果你想往前一步，晋升为销售主管，就要提前关注团队的整体情况，了解团队成员的战斗力，等待升职机会的来临，因为机会都是留给有准备的人的。

现在，请想象一下，今天你荣升为销售主管，接管了一支销售团队。新官上任的第一件事情就是全面地了解团队，你应该从哪些方面入手呢？我有三个建议。

第一，看团队里有多少"小白"、有多少"老炮"，了解他们在公司待了多久，这两类人的离职率有多高。

　　一般来说，"小白"从进入公司到成熟需要半年的时间，从成熟的销售人员成长为"老炮"需要一两年。"小白"离职率高，说明招聘和培训体系有问题；老员工平均工作年限较长，说明团队流动性低，晋升通道有限，淘汰机制不完善。

　　第二，看团队里每个人的历史业绩，哪些人当过销冠，哪些人业绩长期垫底。

　　如果销冠来来去去就是那几个人，没有新的销冠冒出来，就说明团队的人才培养出了问题，团队的发展并不健康。如果销冠的变动特别大，找不出什么规律，就说明团队的销售管理体系很可能是失效的。一支健康的销售团队应该是橄榄型的，不断有底部的销售人员冲到腰部，头部也应该稳步扩张。

　　第三，看团队人效，计算多少人的团队能支撑起既定的销售目标。

　　很多新上任的销售主管做的第一件事情就是招人，大力招人。这种做法其实是值得商榷的，招人并不能解决问题。如果经过科学计算，发现团队目前的人数够了，就千万不要盲目扩大团队。一旦摊子铺大了，业绩还做不起来，就很容易导致团队成员丧失信心。

　　拿大单、稳居销冠所需的能力，与带领一支销冠团队所需的能力不尽相同。销售主管这个岗位是绝大部分一线销售人员职业发展的必经之路，因此要从还是一线销售人员的时候开始积累相应的能力。

　　深入了解团队的战斗力之后，下一关是上手带团队。我带销售团队这么多年，渐渐体会到了一件事情：绝大部分一线销售人员不会做你说的事情，只会做你检查的事情。

要想把一线销售人员的能力转变为销售团队的业绩，就要有一套强有力的制度。

销售团队管理者需要重点检视以下三项内容，检视频率建议以周为单位。

（1）业绩目标

设定目标是销售团队获得成功的第一步也是最重要的一步，销售团队管理者需要不断地调整和修改目标以适应市场的变化，并确保团队以具有挑战性的目标为前进方向。

检视业绩目标时，最重要的一件事情就是设定具有挑战性的目标，如销售额提升 30%（前提是经过充分的调研和数据分析）。

（2）核心指标

为了量化销售表现，需要制定更加具体的核心指标，如新客户数量、成交数量、退货率、客户回访次数等。

检视核心指标是为了让销售团队管理者及时干预销售过程，毕竟，只有好的销售过程才会带来好的销售结果。

（3）培训体系

销售是一个永远充满变化的领域，销售团队只有不断地更新知识和技能，才能满足市场需求，增强自身的竞争优势。

检视培训体系的目的是建立完善的培训体系，帮助销售团队提升专业技能和社交能力。

新晋管理者如何快速上手

- 第一，看团队里有多少"小白"、有多少"老炮"，了解他们在公司待了多久，这两类人的离职率有多高。

- 第二，看团队里每个人的历史业绩，哪些人当过销冠，哪些人业绩长期垫底。

- 第三，看团队人效，计算多少人的团队能支撑起既定的销售目标。

检视以下三项内容，检视频率建议以周为单位

01	02	03
业绩目标	核心指标	培训体系

销售团队的成员多了以后，管理者就很难有足够的精力去观察单个销售人员的具体情况。不过，我拿出横跨几年的数据，做了一些横向对比，发现了很多有意思的事情，如波峰和波谷现象。

从整体业务发展的角度来说，淡季和旺季确实存在，业绩波动实属正常。从销售业绩排名的角度来说，有的销售人员的业绩排名就像过山车一样，忽高忽低。其实，我可以理解这种现象，大部分情况下可以归因为工作状态、职业心态、家庭因素、团队竞争，甚至运气等偶然因素。

不过，如果从数字化的角度来看，这种波峰和波谷其实是可以用销售过程数据抹平的。这就不得不提到销售过程中最重要、最常见的几个问题：赢单不足是为什么？成交不了是为什么？业绩不好是为什么？

我们可以运用一套方法，利用过程指标一步步检视，一项项排除，直到找出赢单不足、成交不了的真正原因。

对于赢单不足，首先要排查是不是成交周期的问题。如果正在销售的产品正常的成交周期是半年，销售人员才跟进了 3 个月，那么成交不了很正常。

如果成交周期到了，但还是没成交，就要排查是不是商机创建标准有问题。换句话说，如果销售人员在还没有达到标准的时候就创建商机，那么成交不了并不意外。

如果成交周期没问题，商机创建标准也没问题，就要排查是不是商机储备有问题。商机储备量不够，成交自然不会多。

如果成交周期、商机创建标准、商机储备量都没问题，就要排查是不是转商机率有问题。如果转商机率低，就要追踪三个过程指标，看是不是首次触达出问题了、是不是二次联系出问题了、是不是盘活量不够。

如果成交周期、商机创建标准、商机储备量、转商机率都没问题，就要排查是不是转出率有问题、是不是投放不精准、是不是投放量不足。通过以上五步的逐一排查，我们就能找到赢单不足的根本原因，并有针对性地做出改变。

下面讲一下复盘报告应该从哪几个方面写，我相信这部分内容一定能给大家带来不小的帮助。

"复盘"这个词原本是围棋术语，是指下完一盘棋以后对下棋的过程进行再研究，包括每一步是否有别的选择，每种选择的利弊是否考虑到位，哪些选择是更好的选择等。

对于销售过程，我们可以从以下四个方面进行复盘。

（1）目标和结果

找出目标，对照实际结果，看是否已经达成；若未达成，看差距有多大，分析未达成的原因是什么。

（2）过程再现

说明完成目标的过程大致分为几个阶段，每个阶段发生了什么事情，在每个阶段采取了哪些应对措施。

（3）得失分析

盘点做得好的地方、做得不好的地方。复盘时不仅要看人也要看事，从培养的角度看人的能力，从业务的角度看业务的特性。

（4）总结规律

复盘的结果一定是对规律的总结，具体来说，分为认知和实践两个层面。在认知层面，要思考问题的解决方法有哪些，对某些事物有哪些新的认识，总结出普遍适用的规律。在实践层面，要总结出再遇到类似的问题和项目应该怎么做，尽量做到"吃一堑长三智"。

顺着上面的逻辑，我讲一下某次自己带销售团队做一周最佳案例复盘的过程。

第一步，找出目标，对比结果。我列出每个销售小组的本周业绩、业绩距离月目标的差距、商机储备情况，并推算出月目标完成率。

第二步，过程再现。我要求每个销售小组至少提供 3 个最佳案例，由相应的销售人员详细地介绍背景和销售过程，包括单子是怎么来的、怎么成交的，以及在每个环节都做了哪些工作。

第三步，得失分析。提炼和分析每个最佳案例的关键节点，相应的销售人员先拆解一遍，总结成单原因，管理者再拆解一遍，站在更高的维度进行点评和分析。

第四步，总结规律。每次复盘时都要详细记录拆解的过程和关键点，形成最佳案例集，赋能销售团队的每一个人，让所有人都知道下次遇到类似的场景或客户应该怎么做。

25 如何招到高潜力销售人员？从0到1搭建销售团队

在繁忙的销售工作的间隙，同事之间总会聊聊家长里短。身为宝爸的我，总是忍不住聊起陪伴女儿的种种细节，这时总会有几位宝妈参与进来。更巧的是，这几位都是销冠级别的实力派。

构建一流的招聘体系是打造一支销冠团队最重要的基础之一，而构建招聘体系的第一步就是提炼销售人员的特质。

宝妈宝爸这个看似和销售完全不相关的因素，却成了我们销售团队在招聘销售人员时的重要评估因素之一。

宝妈宝爸身上有什么特点呢？

有一次，我面试一位宝妈，她一开口，浓重的口音扑面而来，一度让我听不下去。按照招聘要求，我不应该把她招进来。但是，随着沟通的深入，这位妈妈用不标准的普通话生动地表达了希望给自己的孩子创造美好生活的愿望，让我心生敬意。

入职后，她果然爆发出了惊人的战斗力，虽然起步艰难，但韧性十足。其实，人和人能差多远，无非"用心"二字。

在产品知识的学习上，她用时间换经验，别人下班她加班，硬是补齐了产品知识的短板；在客户盘活上，她用数量换概率，别人一天70个，她对自己的要求是120个，硬是在短时间内补齐了库存客户的短板；在销售技巧上，她用真诚换成交，卖力地给客户出方案，为客户提供专业的服务，即使普通话差一点，又有多少人真正在意这个呢？

招对一个人，事半功倍；招错一个人，事倍功半。如何才能最大限度地保证招到正确的人呢？我在这里介绍一套从《销售加速公式》这本书中学来的世界一流的招聘方法。

第一步，建立一套理想的销售特质理论。什么是特质？就是一个人身上贴合公司业务场景的特点，如学习能力强、冲劲十足等。一定要找出跟销售团队、业务特点相匹配的销售特质。

第二步，在面试环节，根据候选人的实际情况，对比理想的销售特质，逐项打分，进行量化评估。

第三步，持续跟踪。招聘并不是建设销售团队的终点，只是一个开始。持续跟踪 3 个月、6 个月、1 年，再回过头来看当时招进来的这批具备销售特质的员工是否已经成长起来。

第四步，对量化指标进行迭代优化，找出高权重的销售特质。不断迭代招聘评估模型，就可以从中发现一些销售特质稳稳地占据高权重位置。在之后的招聘中，要重点关注具有高权重销售特质的候选人。

讲完理论，下面分享面试过程中的一些实用技巧。

（1）面试时间控制在 30 分钟以上，这样更容易看清候选人。

与别人的短暂交流，只能让你获取片面的信息和印象，大量的信息（如经验、品行和态度等）都隐藏在冰山之下。要想挖掘冰山之下的信息，最好的方式可能是将面试时间延长到 30 分钟以上，这样候选人更不容易伪装。

（2）追问和洞察候选人行为背后的动机，这样更容易判断候选人的价值观是否与团队价值观契合。例如，有的候选人考了某资格证，有的候选人有坚持了很久的爱好，这时就可以细问背后的原因是什么，他们做这件事情的动机是什么。

（3）问每一位候选人"你是否了解我们公司的产品"，看对方的了解程度如何。通过候选人对公司产品的了解程度，可以看出其加入公司的意愿是否强烈。

（4）重点考察候选人的学习能力。让候选人描述过去学习新技能或新知识的经历，举例说明自己如何在短时间内学习并掌握新知识；也可以问"当遇到困难或挑战时，你通常如何应对"之类的问题，进行间接了解。

通过这些问题，我们可以了解候选人各个方面的能力，如倾听的专注力、表达的逻辑力、应对挑战的应变力、反思能力、总结能力，以及对终身学习的态度。

在面试中应该问哪些问题？下面分享我做面试时必问的四个问题。

问题1：为什么选择做销售？

询问候选人：为什么选择销售作为职业？为什么一直在做销售？为什么继续做销售？销售工作的哪些方面有吸引力？最初是如何走上销售岗位的？做销售的动力是什么？做销售的动机是什么？

动机对销售人员的表现至关重要。如果你知道销售人员的驱动力是什么，目标是什么，正在努力实现什么，就能为他们提供他们真正需要的支持，帮助他们达成目标。

问题2：你为什么想销售这种产品？

这是一个很容易被忽视的好问题。通过这个问题，你可以判断候选人是不是做了深思熟虑才做出决定，是否带着确定的目标加入公司，是否只是海投简历之后看看能获得哪些工作机会。

问题 3：你了解我们的客户吗？

通过这个问题，你可以判断候选人是否在面试前做了功课。当然，他们的回答可能非常离谱，对真正的客户有误解。如果是这样，你正好可以与其沟通、进行澄清。

接下来，你就可以考察候选人是否关心客户，为什么认为自己可以跟客户沟通得很好，为什么认为自己可以影响客户，能否与客户建立联系。

问题 4：你上一次冒险但失败的经历发生在什么时候？

这是一个大多数候选人都没有准备好回答的问题。通过这个问题，你可以判断候选人是否待在自己的舒适圈里。

以上四个问题，没有一个能直接帮你确定是否应该录用某个人。你还要问自己两个问题：我喜欢这个人吗？我会从这个人手上买东西吗？

如果你的答案都是"不"，最好就此止步，因为候选人与你和你带领的团队的文化并不匹配；如果你的答案都是"是"，就可以继续推进招聘流程。

从销售组织的角度来说，不同类型的组织所需的人才是不一样的。

销售组织一般可以分为四类，分别是区域型销售组织、产品型销售组织、客户型销售组织和职能型销售组织。不同类型的销售组织有不同的特点，有的企业为了弥补特定组织类型的不足，会组合采用多类销售组织。

（1）区域型销售组织

区域型销售组织就是我们常听到的"华南区""华北区"等。这类销售组织主要适用于经营的产品相对单一、相似度较高，客户数量众多、分布地域广泛，需要快速打开市场的企业（见图4-1）。

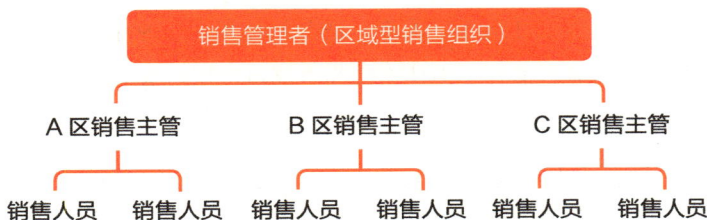

图 4-1　区域型销售组织示例

区域型销售组织应该招聘熟悉当地市场、人际交往能力强、市场敏感度高的销售人员。他们要能快速了解市场需求，与客户建立良好关系，灵活应对市场变化。

人才画像：具备一定的销售经验，熟悉区域市场，沟通能力强，熟悉谈判技巧，能够承受一定的工作压力。

（2）产品型销售组织

产品型销售组织就是我们常听到的"A产品销售团队""B产品销售团队"等。这类销售组织适用于经营的产品品类多且差异较大、用户画像差异很大的企业（见图4-2）。

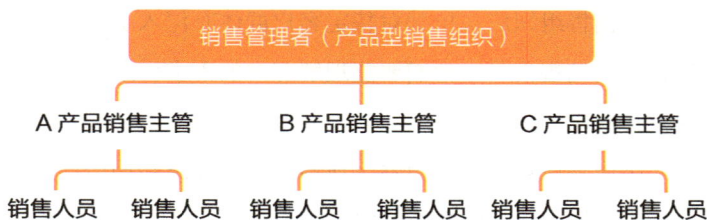

图 4-2　产品型销售组织示例

产品型销售组织应该招聘对特定产品或产品类别有深入了解且具备相关销售技巧的销售人员。他们要能向客户介绍产品的特点、优势和使用方法，并能根据客户的需求提供专业的解决方案。

人才画像：具备产品知识，技术理解能力强，熟悉销售技巧和客户服务技巧，学习能力和适应能力强。

（3）客户型销售组织

客户型销售组织就是我们常听到的"KA 销售团队""SMB 销售团队"等。这类销售组织适用于各类客户体量差异大、需求差异大，某类客户产生的销售额占比非常高的企业（见图 4-3）。

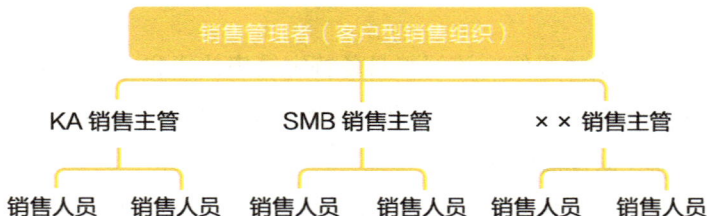

图 4-3　客户型销售组织示例

客户型销售组织应该招聘对特定客户群体有深入了解且熟悉相关销售技巧的销售人员。他们要能理解客户的需求和期望，并能为客户提供个性化的解决方案。

人才画像：市场洞察能力强，熟悉客户的需求和期望，商业嗅觉敏锐，沟通能力强，熟悉谈判技巧。

（4）职能型销售组织

职能型销售组织就是我们常听到的"直销团队""电销团队""售后销售团队"等。这类销售组织适用于售前、售中、售后所需销售技能有较大差异的大型企业，一般根据销售过程和形式细分为若干团队（见图4-4）。

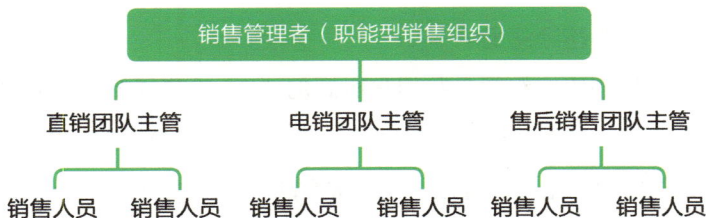

图4-4　职能型销售组织示例

职能型销售组织应该招聘具备特定销售技能和专业知识的人才。他们要能根据销售阶段提供相应的支持和服务，并能与其他销售团队协作实现销售目标。

人才画像：具备专业知识，沟通能力强，团队协作和服务意识强，有明确的职业发展规划和学习成长意愿。

26 如何构建绩效体系？激发销售人员的原生动力

有人开玩笑说，销售人员就像鲨鱼，鲨鱼见到血就会兴奋，而销售人员见到现金就会兴奋。现金是一种短期激励，每成交一单，就能把一沓现金拿到手，这种感觉确实让人很"上头"，很多销售团队都会采用这种激励方式。

不过，我认为，如果一位销售人员知道自己在中长期能够达成哪些目标，变成什么样子，就相当于获得了长期激励，这往往比短期激励更为有效。中长期目标包括收入目标和职业发展目标，如果管理者能为销售人员指出一条实现这些目标的路径，就能激发销售人员的原生动力。

每次面试，当候选人的整体表现让我基本满意时，我通常会抛出一个问题："你未来有什么打算？"这是一个很重要的问题，因为我们邀请一个人加入团队，并不是为了短期利用他的才能，而是希望在未来三五年甚至更长时间与他并肩奋战。

对任何一个人来说，三五年都不是很短的时间，我认为单纯用薪资作为回报，吸引力还不够。作为管理者，我应该洞察他们生命中更深层次的、针对个人发展的需求。如果他们对未来有一定的打算，而公司恰好能提供机会和帮助，这将是个人和团队共同成长的绝佳机会。

在这里，我想讲一个真实的故事。小 Q 是我的一位同事，我和她做一对一谈话的时候，她平静地跟我讲了她的贷款上大学的事。

我表面上沉着冷静，但内心不禁感慨人生的不易。

"那你为什么选择我们公司？"

"因为你们每个月给我 3500 元的实习工资，是所有公司里面最高的。"她的回答十分真诚，没有丝毫的掩饰。

"你的贷款还完了吗？"

"还完了。来你们这里以后，两个月的工资就足够还完剩余的了。"

"那就好，以后你有什么打算？"

"赚更多的钱！"小 Q 不好意思地笑了笑。

赚钱是小 Q 做销售的原生动力，是她最基本的需求。我挖掘出这个需求并确认这个需求的真实性以后，就开始思考如何帮助她实现自己的目标。

我帮小 Q 算了一笔账，如果她能在未来 3 年内成为一位优秀的销售人员，她能赚多少钱。这还不够，我结合她男朋友的收入情况，给他俩做了未来 3 年的财务规划。按照这个规划，在保证基本生活的情况下，他俩只花 3 年时间就能赚到买一辆车、在老家付一套房子首付款的钱。听到这里，小 Q 的眼睛一下子就亮了。

就这样，在 3 年的时间里，小 Q 从实习生蜕变为销冠，最后当上了销售小组长。3 年后，小 Q 离开了公司，开着她的新车，和她的男朋友回到了家乡。不久后，我收到了她宝宝出生的好消息……

下面介绍用于评估潜在销售人才的四象限模型，这是我从杰克·韦尔奇（Jack Welch）的一本书中学到的。

韦尔奇提出了一个四象限模型，他会根据能力和意愿对每个人进行分类，并将其归入四个不同的象限——有能力且有意愿、无能力但有意愿、有能力但无意愿、无能力且无意愿。

（1）有能力且有意愿

这些人显然是销冠。他们在工作中表现出色，非常认同企业文化，他们可以真正推动企业的发展。当你找到这样的人时，要尽力招揽他们并赋予他们权力。

（2）无能力且无意愿

这些人显然是不合适的人选。当你发现某些人缺乏工作所需技能并且态度恶劣时，千万不要招揽他们。如果他们已经是你团队的成员，要尽快将他们淘汰。

（3）无能力但有意愿

如果有些人能力不足但态度很好，你是否应该招揽他们？这时应该辩证地看。

- 应该招揽他们的原因：如果你能给他们提供适当的培训和支持，让他们快速成长，你就能创造巨大的价值，对他们、对企业、对社会而言都是如此，这些人往往也是你最忠诚的员工。
- 不该招揽他们的原因：如果他们的学习能力不够强，他们就会拖慢企业的发展；万一发生这种情况，你必须采取行动，否则绩效文化会被他们搞乱。其他销售人员会认为业绩目标完不成也没关系，这不是一个好现象。

评估销售人员潜力的四象限模型

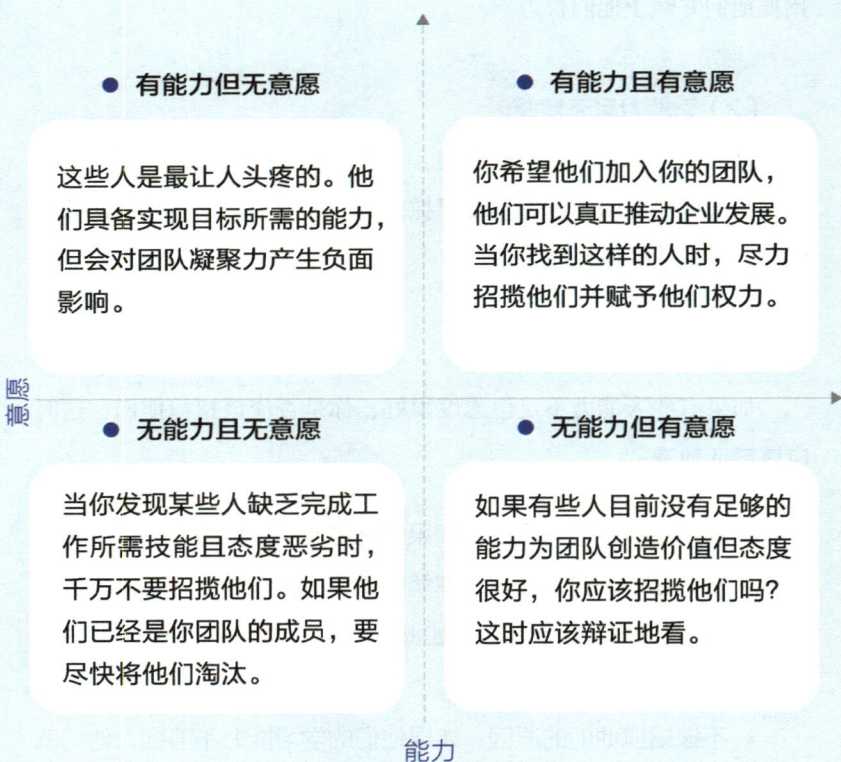

● **有能力但无意愿**

这些人是最让人头疼的。他们具备实现目标所需的能力，但会对团队凝聚力产生负面影响。

● **有能力且有意愿**

你希望他们加入你的团队，他们可以真正推动企业发展。当你找到这样的人时，尽力招揽他们并赋予他们权力。

意愿

● **无能力且无意愿**

当你发现某些人缺乏完成工作所需技能且态度恶劣时，千万不要招揽他们。如果他们已经是你团队的成员，要尽快将他们淘汰。

● **无能力但有意愿**

如果有些人目前没有足够的能力为团队创造价值但态度很好，你应该招揽他们吗？这时应该辩证地看。

能力

（4）有能力但无意愿

这些销售人员让人很头疼，他们业绩不错，可以给企业带来成果，但他们会对企业文化和团队凝聚力产生负面影响。

对于这些人，你该怎么办？我的建议是，不要让不认可企业文化的人加入团队，即便从业绩增长的角度来看这似乎是一个错误的决策。业绩增长慢一点并不会拖垮企业，但一个与企业文化格格不入的人会给团队带来无法挽回的损失。

管理销售团队多年，我始终认为，绩效是激励体系中最重要的一环，属于顶层设计。

什么样的绩效体系才可以称为好的绩效体系呢？我认为以下两点非常重要。

第一，好的绩效体系应该是价值观导向的。

绩效体系必须直接体现企业价值观。公司希望这支团队是一支怎样的团队，什么样的行为是公司鼓励的，什么样的行为是公司不鼓励的，这些都要直接体现在绩效体系中。

推崇竞争文化的公司会设计激进的淘汰制度，以保证源源不断地引入新鲜血液，例如，不管做得好坏，持续淘汰末位的10%。当然，有的公司不做末位淘汰，但会淘汰连续几个周期未达成业绩目标的销售人员。

绩效体系一定要保证激励是正向的，而不是负向的。

如果你想成为销冠，入职第一件事就是把绩效制度研究清楚。只有这样，你才知道如何开展工作才能让自己的回报最大化，哪些销售行为是公司鼓励的，否则很容易瞎忙活、白忙活。

第二，好的绩效体系应该是目标导向的。

建立绩效体系是为了激励销售团队完成业绩目标，因此核心数据一定要体现在绩效体系里。

这是什么意思呢？

销售人员往往认为，达成业绩目标的路径不止一条。而绩效体系可以告诉销售人员，公司希望他们通过什么样的路径实现目标。

在不同的阶段，企业关注的核心数据是不一样的。例如，在我们公司的早期发展阶段，我们更关注成交单数，于是我们基于成交单数设计了销售提点阶梯，成交 8~12 单的提点最高，成交 5~7 单的提点断崖式下跌。等成交单数趋于稳定之后，我们就开始制定以销售额为核心指标的绩效体系。

研究清楚绩效体系，销售人员就可以知道公司想让自己在哪些方面发力。

我还想补充一点，任何绩效体系都只能维持阶段性的平衡，但永远都有不确定的破坏力，因此管理者必须对其进行实时监测，并且不定期调整。

例如，我们公司曾经推出一项制度——给转化率较高的销售人员分配更多的线索和资源。乍一听，这样安排很合理，把有限的资源分配给优秀的销售人员，可以在一定程度上避免资源浪费。但是，我们没有想到，这一制度的破坏力极强。整整一年，销售团队都没有一个优秀的新人冒出来。

最后，我想分享一些常见的绩效体系设计方法和策略。

（1）平衡记分卡

这种方法不仅基于销售额，还会纳入其他关键绩效指标，如客户满意度、新客户获取率、销售周期等。基于平衡计分卡的绩效体系可以确保销售团队不仅关注销售额，还关注客户关系及其他重要因素。

（3）阶梯提点

简单来说，就是根据销售额的高低设定不同的提成率。例如，当月销售额达到 10 万元时，提成率为 5%；达到 20 万元时，提成率为 7%。基于阶梯提点的绩效体系可以鼓励销售人员努力超越基本目标，追求更高的销售额。

（3）非金钱激励

非金钱激励主要有培训机会、旅行奖励、公开表彰等，可以满足某些好学上进的销售人员除金钱以外的需求。非金钱激励应该与金钱激励配合使用，这样效果最好。

（4）关键绩效指标

根据组织的战略目标选择关键绩效指标。例如，如果希望鼓励销售人员自拓线索，就可以针对转介绍量这一关键绩效指标加强激励，明确销售团队的努力方向。

绩效体系设计的要点有以下五个。

（1）定义清晰、可量化的目标

只有设定明确的目标，销售团队才能知道努力的方向。具体的目标可以是月销售额、季度业绩或特定产品的销量。

建议：在制定目标时要考虑市场趋势和销售团队的实际能力，确保目标既有挑战性，又是可以达成的。

（2）分层奖励制

销售提成不应该是"一刀切"式的，应设计多个阶梯，对应于不同的业绩水平。例如，销售额达到 A，可以获得 5% 的提成；销售额达到 B，可以获得 10% 的提成。

建议：提供额外的奖金或奖励，作为超额完成目标的激励。

（3）固定与变动的平衡

完全基于业绩的提成方案可能会让销售人员压力过大。销售人员的收入结构应该是固定的基本工资加上基于业绩的提成，这样设计既可以保证销售人员的基本收入，又可以激励他们追求更好的业绩。

建议：固定工资应覆盖基本生活费用，这可以让销售人员在追求业绩的同时不必为生计担忧。

（4）鼓励团队合作

销售并不是个人战斗，团队合作也很重要。提供团队奖励或团队提成可以鼓励团队内部的合作和交流。

建议：每季度或每年为达成团队目标的部门提供额外的奖金或福利。

（5）定期检视与调整

市场和团队都在不停地变化，所以提成方案也应该是动态的。定期检视提成方案的实际效果，并根据团队成员的反馈和业务需求进行调整。

建议每半年或每年检视一次提成方案，确保其仍然有效并与市场趋势保持一致。

总之，一个好的提成方案应该是公平、透明的，要能激励团队，并且与公司的长远目标保持一致。当团队成员觉得他们的努力得到了相应的回报，就会更加投入地工作，更努力地为客户服务。

27 如何快速复制销冠？找到标杆，对齐标杆

有人问我，自己的公司没有完善的培训体系，自己又刚入职，迫切渴望成长，该怎么办？

这不禁让我思考，成为销冠到底靠运气还是努力？我的结论是：都不是，成为销冠要靠一套科学的方法！

我认为，最有效的方法就两个字——复制！

什么是复制？就是先让一个人获得成功，成为销冠，然后用同样的方法，在销售团队中复制更多的销冠。

从个人的视角来看，正常情况下任何公司、任何销售团队都会

有一个销冠，你可以找出自己和他之间的差距，将他的业绩作为你的目标，认真完成每一天的工作，你离成为销冠的目标就会越来越近。不要怕慢，只要有了标杆和榜样，你就能成为下一个标杆。怕的是，你的公司、你的团队根本没有业绩出色的销售人员，大家一起"摆烂"，在这种情况下，你恐怕连努力的方向都找不到。

从管理者的视角来看，如果销售团队的销冠来来回回就那么几个人，没怎么变过，就说明人才培养机制出了问题。还有一种情况是销售团队的销冠很随机，波动特别大，这很可能是因为缺乏一套有效的销售管理体系。

一支健康发展的销售团队，一定是一支橄榄型的队伍，而非金字塔型，管理者应该想办法让更多的人有机会成为销冠，让成为销冠变成一件可以复制的事情。

新人想成为销冠，管理者想复制更多的销冠。那么，具体应该复制哪些方面呢？

（1）复制销冠的工作习惯和时间表

以电话销售为例，有一种工作习惯是双线操作，一边打电话一边查客户资料，一边翻阅客户的历史信息；有一种时间表将时间分为黄金时间、普通时间等几类，在不同的时间段应该给不同画像（标签）的客户打电话。

（2）复制销冠的优秀话术

优秀话术从哪里来？从录音里来，从跟进记录里来。销售团队可以每月、每周组织话术分享会，还可以做场景演练，让销冠做专场分享，由其他人评论。

（3）复制销冠的综合能力

无论 ToC 销售还是 ToB 销售，销售人员都应该追求顾问式销售，要会听、会说、会要结果。如果只会介绍产品的功能、价值，而无法帮助客户梳理业务、挖掘客户需求，就很难把销售工作做好。因此，复制销冠的综合能力是关键。销冠对行业有自己的理解，包括业务场景、管理等，其他人一定要将这些认知沉淀下来，为自己所用。

（4）复制销冠对成交的敏感度

根据我的经验，大部分销冠一眼就能看出哪些客户有希望快速成交、哪些客户大概率会流失，而这种判断与数据和概率无关，近乎直觉。

觉察能力，是人类区别于动物的最根本的能力。在销售的场景中，这种觉察能力更多地体现在这个客户能否成交、多久能成交之类的直觉判断里。

举个例子，在零售行业中，很多有经验的营业员一眼就能看出某个客户能不能成交，就好像他们心里有一张看不见的"成交脸"，遇到客户后对比一下，就能八九不离十。

如何培养销售人员对成交的直觉呢？我总结了五个步骤，分享给大家。

第一步，有意识地收集成交客户样本，沉淀成交客户数据，研究清楚客户为什么成交。

第二步，从成交客户数据中提炼出成交客户特质，进一步提炼为成交要素。

第三步，围绕成交要素设计客户评分表，评分表要简单实用。

第四步，每天复盘时，花两三分钟用客户评分表对新客户进行打分。

第五步，定期复盘客户评分表是否准确有效，若有偏差，则重新评估成交要素。

近几年，各行各业都在热议数字化，几乎人人都知道了数字化的重要性。回到快速复制销冠这个主题，我想从实战的角度出发，简单介绍一下数字化工具的使用。

在我看来，排名榜是销售团队建设中高频使用的一项数字化工具，其价值主要体现在以下三个方面。

（1）竞争文化建设

竞争文化建设是打造销冠团队的刚性需求。现在，"卷"这个字在网络上已经彻底沦为贬义词了。"奋斗""拼搏"本来是无可指摘的人间正道，但在一些"键盘侠"口中却成了不值得提倡的盲目行为。甚至在职场中也出现了这种情况：一提要努力，就必有人讥讽这是"内卷"。但是，大家认真想一想，做销售的人能"躺平"吗？有"躺平"就能赚得盆满钵满的销售人员吗？

无意义的"内卷"确实不值得鼓励，但连内部竞争都不能适应的销售人员，就像一位不能上擂台的拳击手一样，永远拿不到冠军！

（2）寻找差距

只有对比，才能发现差距，才能洞察问题。排名榜的本质就是人与人的对比。

对销售团队来说，对比的维度非常丰富，这里简单列举几个：

- 销售额，反映业绩差距；
- 转化率，反映销售转化能力差距；
- 盘活量，反映努力程度差距；
- 有效跟进，反映沟通技巧差距；
- 转介绍，反映客情维护差距。

（3）对齐标杆

有数据就有洞察，有洞察就有决策，有决策就有行动。基于差距做改进是一位优秀的职场人必备的一项职业技能。找到差距，补齐差距，对齐标杆，这么简单的逻辑应该不会有人听不懂。

那么，怎么行动呢？当然是向排名榜中的第一名学习！一位从阿里巴巴出来的销售高手曾说，要想成长为销冠，就从给销冠拎包开始！我对这个观点的评价是：方法朴素，态度正确！

排名榜在我带领销售团队的过程中起到了非常大的作用，因此这么多年来我在做产品的时候也一直把这项功能作为核心功能放在产品首页中最重要的位置。

28 销售团队的冠军文化如何建立？管理者的三个常规动作

在进入正题之前，我先讲一个亲身经历的真实故事。

在我们公司发展早期，在销售团队还没有建立成熟的体系时，我们从其他公司挖过来两位销冠。她们的加入，给我们带来了大公司成熟的销售体系，刚开始效果非常不错，团队业绩成长得很快，人员扩张得也很快。但是，很快我们就发现，这些挖过来的销冠级人才在面对销售管理的新挑战时，磨合失败的概率相当高。

失败的原因是什么呢？这些销冠在走上销售管理岗位的时候，并没有做好培养他人的能力储备。就好比一位成绩很好的学生，自己可以考高分，但是不具备教书育人的能力。这些销冠在成为销售主管后，在一线销售人员的培养上经常是"知其然，而不知其所以然"，没有体系化的理论，这导致销售人员变多以后，人效反而降低了。

一位销售主管要关注绩效、招聘、业绩目标、销售过程等纷繁复杂的事项，但要带出一支销冠团队，最需要关注的是带人，也就是培训的问题。

从新员工的角度来看，很多企业的培训方式都是"老带新"。很多企业认为这是一种非常好的方式，但实际上这个看法值得商榷，因为每一位销售人员的风格都不一样。

针对"老带新"这个问题，第 2 部分中的"复制销冠和销冠团队"一节中讲过一个故事，一位非常优秀的销售人员 A 带一位新同事 B，但两个人的风格不匹配，最后效果很差。

"老带新"这种依靠人进行经验传承的人才培养方式，随机性实在太大了。遇到一位好师傅，你会感恩一辈子；遇到一位糟糕的师傅，那简直就是噩梦。千里马常有而伯乐不常有，我们可能都是好徒弟，但优秀的师傅是稀缺资源。遇到优秀的师傅非常难，师傅能根据你的风格和特点因材施教，那更是难上加难！

好的管理者应该借用一套数字化的工具，把优秀师傅的方法转化成一套可量化、可评估、可预测的数字化培养体系。

不同类型的人都有可能成为管理者，有些流行的管理理论借用不同的动物来描述不同的管理风格，最经典的分类是老虎、鸽子、猫头鹰、孔雀。请对照下面的内容看看你的管理风格属于哪一类。

（1）老虎

特点：比较强势，习惯控制。

建议：给自己或他人减压；减少争论，学会道歉；耐心低调，友好协作。

（2）鸽子

特点：脾气较好，做决定慢。

建议：勇敢尝试新鲜事物，学会说出自己的感受，学会拒绝。

（3）猫头鹰

特点：相对冷漠，理智冷静。

199

建议：抓大放小，关注重点；避免过多的时间规划；适当放宽对他人的要求。

（4）孔雀型

特点：喜欢表现，看重人情。

建议：学会倾听；多跟爱挑刺的朋友相处；做好计划，切实执行。

无论是哪种类型的管理者，都要履行管理者的五大职责：

- 计划——设计目标、策略、路径；
- 组织——根据资源分配人员；
- 指挥——通过激励、指导、沟通等方法指挥员工工作；
- 协作——解决冲突矛盾，促成合作；
- 控制——用监督、绩效考核等方式保证计划的落地。

这正是 1916 年法国管理学家法约尔在《工业管理与一般管理》一书中对管理下的定义。

根据上述五大职责，结合自身经验，我认为销售团队管理者在日常工作中必须做好以下三件事情。

（1）平衡各方利益诉求

管理者需要维护多方利益，包括公司、团队、员工、自己、客户等的利益，但最重要的是维护公司利益。因此，管理者要有整体和系统思维，将公司、客户等各方纳入一个大框架，面对问题时不能轻易下判断，要慎重考虑各方的利益诉求。

（2）扛起责任，承受压力

管理者往往要承受来自各方的压力，包括来自上级的业绩压力、来自下属的成长压力、来自客户的诉求压力、来自内部其他部门的协作压力、来自外部的竞争压力等。如何适应来自各方的压力是管理者在成长过程中必须解决的问题。

（3）建设团队文化

为什么要建设团队文化？因为每一位销售人员都是活生生的人，不是机器，如果管理者不能像对待一个人一样去对待员工，就无法激发他们的工作积极性。

好的团队文化能让每一位团队成员产生归属感，增进团队成员之间的感情有利于打造一支有情有义的销售铁军。团队文化不是贴在墙上的口号，而是融入日常工作的细节和氛围。作为管理者，如果希望团队的学习氛围更浓厚，不妨带自己最近读的一本书去跟他们分享；如果希望团队的拼搏精神更强烈，不妨在月末冲刺的时候陪他们一起加班。

如何建设团队文化呢？我认为，做好以下三件事情就够了。

第一件事情是开好会。

以我们公司为例，会议主要分为以下三大类：

- 例会，包括晨会、夕会、每周的周会和复盘会等；
- 启动会议（Kick-off），包括新一年新战术的启动会议、月度和季度的启动会议等；
- 一对一谈话，包括一对一的日常谈话、一对一的业绩目标拆解谈话、一对一的客户盘点谈话等。

这三类会应该怎么开？怎么开会才高效？我有以下三条建议。

（1）提供价值，不要浪费别人的时间

马斯克曾建议员工："如果在一场会议里，你发现自己无法为这场会议提供价值，别人也无法为你提供价值，请你迅速离开。离开并没有什么不礼貌，浪费时间才是这个世界上最不礼貌的事情。"

（2）讲人话，让别人听懂才是最重要的

开会的目的是通过集体智慧拿到结果，而不是为了争论而争论。有些人总是喜欢使用艰涩的专业名词，其他人很难听懂，这样一来就无法实现沟通的目的。

开会时，参会者往往因为立场不同，很容易就某个细节问题展开争论。这时，会议往往会变成一场彼此说服的比赛，如果没有任何一方能成功说服其他方，会议就无法结束。遇到这种情况，我认为最好的办法是不争论，参会者将自己的想法写下来，写完马上展示并说明自己的想法，最后让所有参会者投票。用判断取代争论，会议才能更高效。

（3）精简会议，精简参会人，精简 PPT

有一些全球顶尖的公司不喜欢开会，主张能不开会就不开会，能三个人解决的问题就不要叫第四个人来。例如，麦肯锡公司内部开会时，PPT 必须严格控制在 3 到 10 页并提前发送给参会者，参

会者必须提前阅读，带着问题来参加会议。

我的建议是：会前，让所有参会人知道会议目的，做好准备再来开会；会中，紧扣议题，高效讨论；会后，及时同步会议纪要及需跟进事项。

第二件事情是办好学习沙龙。

每场沙龙的主题可以不一样，例如，假如某个月某位新人突然成长为"新人王"，就可以安排他在沙龙中分享成长心得、成功经历等；假如某位销售人员对某个行业的业务特点、痛点、场景都非常熟悉，也可以让他在沙龙中分享。此外，还可以举行"吐槽大会""奇葩大赛"，围绕工作场景进行娱乐性质的辩论，让大家尽情发表各种观点，释放工作压力。

第三件事情是做好团建。

做团建是改善团队氛围的一种有效方法。团建活动往往包含一些小游戏，可以制造出一定的竞赛气氛，平时业绩落后的团队成员也有机会获胜，进而振奋精神，一扫业绩不佳的阴霾，所有参与者都会感到自己身处于一个欣欣向荣的集体。如果销售团队的管理者比较严肃，平时给团队成员的压力较大，或者经常批评他们，做团建就有助于增进管理者与团队成员之间的关系。

销售团队的日常管理，说难不难，说简单不简单。总结成一句话，就是"复杂的事情简单做，简单的事情重复做"。把复杂的事情简单做，时间久了，你就是专家；把简单的事情重复做，时间久了，你就是行家。